종족창문으로 본 현대선교 I

초판 1쇄 발행   2014년 4월 25일

지은이   한정국
펴낸곳   캄인
펴낸이   조명순
출판등록   제 25100-2010-000003호
등록   2010년 7월 22일
주소   경기 의왕시 내손동 791
전화   070-7093-1202,3
디자인   디자인 생기

국립중앙도서관 출판시도서목록(CIP)
종족창문으로 본 현대선교 I / 지은이: 한정국
– 의왕 : 캄인, 2014 p. ; cm. – (KAM연구에세이 ; 05)

ISBN 978-89-965044-9-8 94230 : \12000
선교(종교)[宣敎]
기독교[基督敎]

235.65-KDC5
266.023-DDC21 CIP2014011963

캄인은
Korean Aspect Mission의 약자인 KAM(캄)과 인(人)의 합성어로
한국형 선교의 중요한 동력인 '한국인 선교사' 들을 존중하는 사랑의
마음을 담고 있습니다.

'Come In' 의 뜻도 포함하여 '하나님께서 한국 선교를 이끌어가시는
모습을 와서 보라' 는 의미도 담고 있습니다.

05 KAM 연구에세이

종족창문으로 본
현대선교 I

한정국 편저

contents

여는글_7

1 미전도종족 선교의 의의_13

2 미전도종족 선교의 성경적 기초_29

3 미전도종족 선교에 대한 비판적 견해들 (한수아) _69

4 미전도종족과 전방 개척 선교_105

5 미전도종족 선교전략의 특성과 실제_123

6 미전도종족 입양(Adopt-A-People) 전략 _ 151

7 관문도시를 통한 미전도종족 선교 전략 (한수아) _ 185

8 선교사 배치 전략과 선교지역 분담 전략 _ 213

9 한국에서의 미전도종족 선교운동 평가 및 전망 (정보애) _ 223

10 인도선교 현황 조사를 통한 사역 전략 도출 (UPMA리서치팀) _ 245

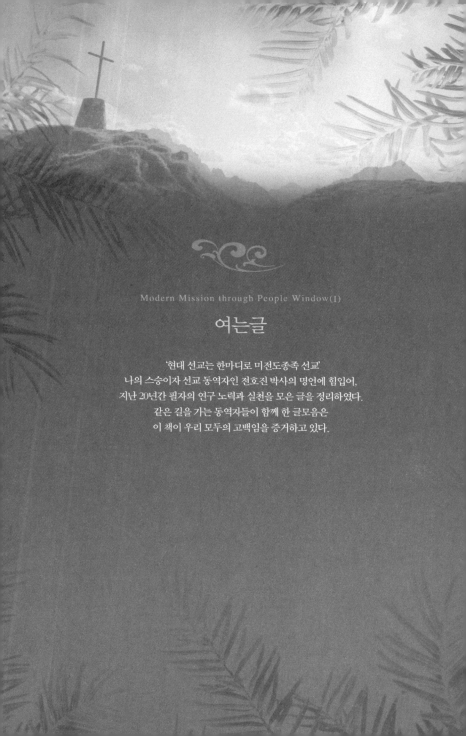

Modern Mission through People Window(1)

여는글

'현대 선교는 한마디로 미전도종족 선교'
나의 스승이자 선교 동역자인 전호진 박사의 명언에 힘입어,
지난 20년간 필자의 연구 노력과 실천을 모은 글을 정리하였다.
같은 길을 가는 동역자들이 함께 한 글모음은
이 책이 우리 모두의 고백임을 증거하고 있다.

"왜 거기 서 있는가?" 너무나 많은 그리스도인들이 세계선교에 대한 잘못된 인식을 갖고 있어, '그 곳에 더 이상 머물러 있지 마시고 올바른 이해의 길로 오시오!' 라는 심정으로 한 말이다. 이 책은 그런 길라잡이용으로 적합한 책이다. 다만 다소 어려운 용어를 논리 전개상 사용하였기에 읽기는 조금 어려워도, 한 번 논리에 들어서면 이해가 속속되는 글이기도 하다.

故 랄프 윈터 박사는 20세기말에 "너무나 많은 선교사들 즉 전 선교사의 74% 가량이 잘못된 선교지에서 일하고 있다"라고 한탄한 적이 있다. 그의 사위이자 고든콘웰신학대학교 세계선교연구소장인 타드 존스는 21세기 초의 그의 해박한 선교 조사 결과를 발표하면서, "세계 선교사들의 오직 2.4%만이 진짜로 순수한 선교대상(미전도종족)에서 일하고 있다"라고 하여 2002년 싱가폴에 모인 선교 지도자들을 놀라게 한 적이 있다. 사실 이 책은 위의 두 거두의 세계적 한탄을 공감하면서 한국에서 효율적인 전략선교를 추구한 사람들의 글 모음이다.

1985년 인도네시아에 도착한 필자는 선교지가 한 나라가 아닌 수많은 종족집단으로 구성되어 있음을 온 몸으로 느끼게 되었다. 즉 인도네시아는 정치적으로 한 국가였지만 330종족 집단의 국가라는 것을 알게 되었고, 그 중 어느 종족은 기독교 복음화가 상당히 되어 있으며, 대다수 종족 집단은 이슬람교, 불교, 힌두교도가 많다는 것을 인식하게 되었다. 그리고 각 종족마다 언어와 문화가 다르다는 것을 실감하게 되었다. 그 후 싱가폴에서 선교사 훈련 책임자로 있을 때, 후학들에게 선교훈련을 가르치면서 선교 접근으로서의 효율적인 전략선교에 대한 생각을 많이 하게 되었다. OMF 국제선교회 한국대표로 부임하면서 한국 젊은이들에게 세계선교를 쉽게 설명하는 동원 사역을 하다가, 1993년 3월 18단체에서 온 23명의 선교 지도자들과 함께 소위 전략적 선교운동을 위하여 지금의 미전도종족선교연대(UPMA)의 전신인 종족입양운동한국본부(KAAP)를 설립하게 된다. 한국은 뒤늦게 전략선교에 뛰어들었지만, 특유의 응용력을 발휘하여 선교정탐훈련, 종족과도시선교연구소, 전략정보리서치훈련학교, 종족과정보센타 그리고 종족입양운동본부를 운영한다. '일문지십' 이라는 고사성어처럼 하나를 미국 선교계에서 배워 10가지를 알고 실천했던 것이 오늘의 한국선교의 현장이다.

필자에게 상기의 사역 내용을 학문적으로 정리할 기회가 20세기말에 다가왔다. 총신대 선교대학원장이었던 강승삼 박사가 필자에게 선교학 박사 과정을 소개해 체계적인 공부를 하게 되었다. 한편 총신대 선교대학원은 미전도종족선교학을 오퍼하면서 적합한 교수를 못 찾았다면서 학위 과정 중에 있는 필자에게 그 과목을 맡기게 되었다. 이렇게 해서 시작한 강의가 지금까지 15년째 계속되고 있다. 그러던 차에 선교 동역자인 조명순 선교사가 필자의 강의 교재를 책으로 출판하고 싶다고 하여 글을 다시금 다듬고 정리하여 오늘의 책으로 나오게 되었다. 이 책은 미전도종족선교의 많은 부분을 다루는데 노력하였고, 필자의 한계를 뛰어넘어 조명순, 한남운, 정보애 선교사들의 주옥같은 글을 포함하고 있다. 이 모든이를 대신하여 이 책이 나오기까지 이들의 수고가 글에서만 있는 것이 아닌 한국선교의 한 부분인 것을 인정하고 싶다. 그리고 이 책은 그 동안 전략선교를 함께 이끌어 온 모든 분들의 노고가 함께 어우러져 있다고 해도 과언이 아닐 것이다. 어느 한 이슈가 등장하면 토론의 장에서 열띤 공방이 오가고, 새로운 용어 탄생마다 머리를 맞댄 현장의 적용이란 점에서 더욱 그러하다.

이 책은 이론을 포함하면서도 상당히 실제적으로 꾸며졌다. 미전도종족선교의 출발점을 성경에서 찾으면서도 일반은총의 수많은 전략 부분들은 일반 학자들의 연구 결과를 사용하는 데에 서슴지 않았다. 실제적인 도전의 내용을 간단히 말하면, 예수님이 이 세상에 오신 후의 1975년간의 선교효과와 미전도종족이라는 전략선교의 개념으로 한 25년(1975년에서 2000년까지)의 선교성과가 거의 같다. 즉 7000종족 집단이 그 기간내 복음화되었다는 분석을 내놓아 전략선교의 우수성을 주장하고 있다. 이런 점에서 이 책은 아주 설득력 있게 독자를 세계선교로 인도하고 있다.

첫째, 선교의 목표를 분명히 하라. 즉 미전도종족 집단이 선교의 대상이다.

둘째, 종족 집단이 선택되면 그들을 리서치 하라. 그들이 누구Who이며, 복음접촉이 있었는지를 역사적으로 살펴보고, 그들에게 구체적인 접근How할 것을 주문한다.

셋째, 최적 전략의 도출이다. 리서치를 통해서 Data를 얻고, 그 Data를 의미있게 배열하여 정보를 획득하고, 종족복음화라는 목적이 이끄는 정보의 조합화 과정을 통해 (최적) 전략을 개발하도록 한다.

넷째, 그 전략을 실천하고, 결과를 평가한 후, Feedback 과정을 밟도록 한다.

위와 같은 점에서 이 책은 리서치와 전략도출에 많은 부분을 할애하였다. 그러나 그 전략들이 다양한 적용 과정을 거쳐 독특한 선교전략들이 탄생하는데, 입양전략에서 도시 선교전략 그리고 새로운 선교사로서의 전략정보리서치네트웍(SIReN) 선교사 탄생 등은 각양각색의 한국형 선교전략으로 응용 발전케 하였다. 이것은 21세기 세계와 한국 선교학의 과제인, 한국(또는 자국)신학과 자선교학으로서의 한국(또는 자국)선교학으로의 발전과정으로까지 생각을 확대하도록 독자를 초대한다. 새로운 세계선교의 주자로서 한국선교는 이미 선두의 하나로 달리고 있다. 서구 선교학이 최근 주춤한 사이, 선교학과 그 Know How 수입국인 한국이 지난 20년간의 수많은 실험정신을 통해 이제는 한국형 선교 개발이라는 데 눈을 떴을 뿐만 아니라, 새로운 선교이론과 실제를 창출하여 세계교회와 세계선교에 있어 이 책이 일조를 능히 할 수 있을 것으로 감히 기대해 본다.

한국의 미전도종족 선교운동의 이론과 실제에서 전호진 박사와 문상철 박사의 공헌이 큰 바, 이들이 필자에게 큰 영향을 주었으며, 필자와 함께 한 미전도종족선교연대모든 식구들이 이룬 학문적 성과가 이 책으로 대변되었다. 지금도 그들은 한국 선교의 다양한 현장에서 함께 일구어 온 이 운동의 실천자들이요 산 증인이다. 따라서 이 책 하권에서는 이들의 노고에 찬 글을 실음으로 독자에게 보다 실증적 이해를 돕도록 하였다. 끝으로 이 책이 편찬되어 나오기 까지 조명순 선교사의 수고에 감사를 표한다.

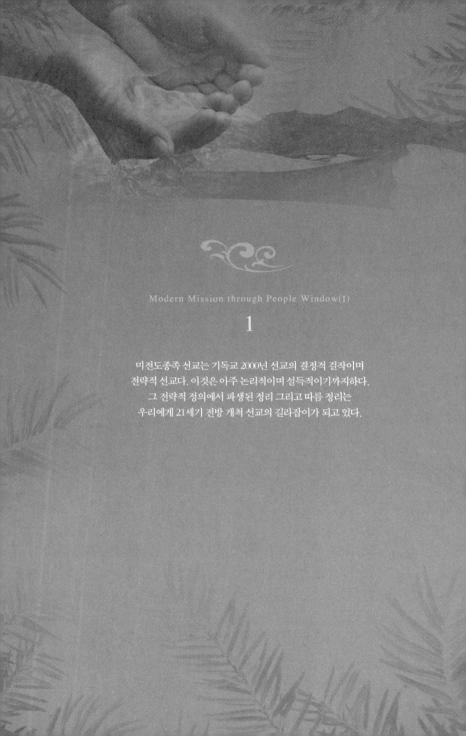

Modern Mission through People Window(I)

1

미전도종족 선교는 기독교 2000년 선교의 결정적 걸작이며
전략적 선교다. 이것은 아주 논리적이며 설득적이기까지하다.
그 전략적 정의에서 파생된 정리 그리고 따름 정리는
우리에게 21세기 전방 개척 선교의 길라잡이가 되고 있다.

1
미전도종족 선교의 의의

　세계는 하루가 다르게 급변하고 있다. 이러한 세계정세를 빠르게 대처하지 못한다면 하나님 나라의 완성을 이루는 일에 게으른 종이 되어 버릴 것이다. 미국과 함께 힘의 균형을 이루고 있던 소련의 붕괴는 많은 소수민족국가를 탄생케 했다. 크고 작은 규모의 민족들은 자신들의 정체성Identity을 갖고 강대국들에 맞서고 있다.

　선교지의 변화는 선교전략의 변화라는 과제를 던져준다. 선교는 하나의 정치적인 국가가 아닌 자신들 나름대로 정체성을 갖고 살아가는 종족이 대상이 되어야 한다. 보다 구체적이고 장기적인 전략을 필요로 하고 있다.

　이러한 시대의 흐름 속에서 지역교회는 어떻게 선교를 효과적으로 해나갈 수 있겠는가? 이것이 지난 미전도종족 선교운동의 놀라운 성장과 특별히 선교에 대해 힘을 들여온 한국교회가 21세기에 생각해 보아야 할 점이다. 한국교회가 갖고 있는 잠재력을 변화하는 세계의 흐름에 맞추어 적극적으로 대응해

나간다면 주님이 우리에게 주신 '마지막 과업'을 이룰 수 있다.

본 장에서는 변화하는 세계의 흐름에 맞추어 '족속'을 선교의 대상으로 생각하는 미전도종족 선교에 대해 살펴보겠다.

1. 선교 대상의 변화

새로운 세기는 지구촌 곳곳에서 일어나고 있는 민족 간 분쟁과 전쟁의 소식으로 그 시작을 알렸다. 구소련의 붕괴 이후 세계는 민족 간의 갈등과 분쟁이 더욱 두드러지고 있다. 국가 간 전쟁이 민족 간 분쟁의 형태로 확전 되었다. 각 민족들은 자신들의 정체성을 그들 자신들의 민족 국가를 성립함으로 찾으려 하고 있다.

따라서 21세기 선교는 '국가'를 복음화 한다는 개념에서 종족을 대상으로 선교해야 하는 상황으로 바뀌었다. 현재 미 복음화 된 지역은 하나의 정치적 국가 안에 적어도 10개 이상의 종족이 모여 있는 지역이 대부분이다. 이제 선교의 개념은 정치적인 국가의 단위에서 종족의 단위로 바뀌어야 한다. 예를 들어 인도에는 2,000여 개의 카스트가 존재하여 서로 다른 양상의 문화, 언어를 갖고 인도라는 국가를 형성하고 있다. 그곳에 선교사를 보낸다면 인도를 위한 선교사가 아니라 인도 북부의 어느 종족을 위한 선교사가 되어야 하는 것이다. 인도네시아만 해도 330여 종족이 모여 하나의 정치적인 국가를 이루고 있다. 이러한 예는 얼마든지 있다.

타일로 만든 인도 지도가 벽에 걸려있다고 생각해 보자. 지도가 바닥에 떨어지며 2,000조각이 나 버렸다. 과연 어느 지도가 인도의 실제를 보여주는 지도인가? 하나로 구성된 지도인가? 아니면 산산 조각난 지도인가? 필자는 후자가 인도의 실제를 보여주는 지도라 생각한다. 인도는 다양한 언어와 인종, 카스트의 구성체인 것이다.

인도네시아의 종족 가운데는 기독교화가 집단으로 이루어진 종족들이 있다. 바탁족, 므나도족, 또라쟈족, 암본족, 이리안족 등이 대표적이다. 이들 종족 인구의 약 75-97%가 기독교인이다. 이렇듯 복음화율이 높은 종족이 있다고 인도네시아가 복음화 되었다고 말할 수 있겠는가? 오히려 인도네시아는 세계 최고의 무슬림 인구를 자랑하는 국가이다.

쿠르드족의 경우는 2,000만 이상의 인구 규모를 가졌지만 쿠르드족의 독립된 국가 없이 터키, 이란, 이라크 등지에 흩어져 거주하고 있다.

2. 선교 대상으로서의 미전도 종족

1) 미전도종족 개념의 등장

현대 선교가 시작된 수세기 동안 많은 선교학자들은 미전도종족 선교에 대한 바른 개념을 알지 못했다. 그들은 국가를 단지 지정학적인 관점에서만 이해했다. 그러나 카메룬 타운젠드 Cameron Townsend와 도날드 맥가브란Donald MacGavran이 종족개념의 선교를 강조함으로 인식의 전환이 시작되었다. 이러한 선각자들을 이어 미국 세계선교센타US Center for World Mission의 원장인 랄프 윈터Ralph Winter 박사가 미전도종족선교의 개념을 발전시키고 전략화하였다.

1980년 에딘버러에서 열린 '개척선교를 위한 세계협의회The World Consultation on Frontier Mission' 에서는 '2000년까지 모든 종족에게 교회를' 이라는 구호를 채택하였다. 이 선교대회 이후 세계 교회와 교단, 선교기관들은 공동으로 이 구호를 실현하기 위한 논의를 시작했다. 1982년 3월 시카고에서 로잔 세계복음화위원회가 소집한 22개 선교기관과 조사자들의 모임에서 성경에 근거한 미전도종족Unreached People에 대한 정의가 내려짐으로, 새로운 선교운동의 장이 열리게 되었다.

1-1) 정의, 정리 그리고 따름정리

수학을 철학의 사색 중 특별히 수학적 개념과 논리적 개념을 수반한 철학이라고 할 때, 수학은 정의Definition에서 시작된다. 여기에서 정리Theorem가 파생되며 결론Corollary으로 귀결된다.

정의에는 의미적 정의와 의도적 정의가 있다. 전자는 글자적 의미를 해석할 필요가 있다는 것이고, 후자는 이 언어를 사용하는데 의도된 의미가 있다는 것이다.

이러한 수학의 용어를 미전도종족을 정의함에 적용해 보자.

미전도종족 = 미전도 + 종족

'미전도종족' 은 '미전도' 와 '종족' 의 합성어이다. '족속' 이라는 단어가 성경에 있다. 이것은 그 단어를 사용하신 하나님의 의도된 정의가 있다는 것이다. 의미적 정의보다 더 깊이 들어갈 수 있기에 족속에 관하여 성경을 더 깊이 연구할 필요가 있다. 반면에, '미전도' 라는 단어는 성경에 나오지 않는다.

미전도(Unreached) =
un(부정접두어) + reach(복음이 전파) + ed(되어진)

reached와 unreached 는 맨 처음에 이 개념을 창안한 사람이 정의 하는 것이다. 예를 들어 랄프 윈터라고 하는 사람이 이 말을 쓰면서 이 말의 정의를 앞으로 이렇게 쓰겠다 하면 랄프 윈터의 수학적 세계가 되는 것이다.

그렇다면 왜 이렇게 정의하는 것이 필요한가? 하는 질문이 생긴다. 뉴턴의 논리학의 세계가 아인슈타인의 상대성 이론의 패러다임으로 변화되고, 스티븐 호킹에 의해 아인슈타인의 물리 수학적 체계가 흔들리고 있다. 모든 수학은 정의로부터 시작하여 정의로 체계를 세워가면서 일종의 패러다임이 된다. 이 패러다임은 어떤 의미에서 현상을 잘 설명해 주고 성경의 의도된 정의, 의도된 의미를 좀 더 드러내는데 상당히 용이하다. 그런 점에서 유용한 도구useful tool라고 할 수 있다. 이러한 도구를 개발하는 것이 선교전략가들과 선교학자들이 할 일이다. 이로 학문이 발전하는 것이다.

바다에 있는 물고기를 잡는 방법을 말할 때 "그냥 바다에 가서 잡아오면 되지 않는가?"라고 말할 수 있지만 발명가들은 "아니 그렇게 하지 말고 좀 더 유용한 틀을 발견해보자"라고 노력한다. 그래서 나온 철학적 개념이 '망' net을 통해서 잡는 것이 괜찮겠다는 것이고, 더 나아가 배를 양쪽에 두고 망을 치면 더 잘 잡을 수 있겠다하는 것으로 발전될 수 있다. 학문의 발전도 마찬가지이다. 학문의 발전은 정의definition가 계속 창출되는 것이다. 이러한 정의는 정리로 정리는 따름정리로 발전되는 것이다.

2) 미전도 종족

2-1) 미전도종족Unreached People이란?

오늘날 미전도종족선교에 대해 많은 사람들은 오해하고 있다. 전에 본 모교단 신문에 모선교사가 미전도종족을 오지, 정글, 산지의 종족으로 정의한 글을 읽은 적이 있다. 이는 미전도종족에 대한 이해 자체에 문제가 있는 것으로 보이다. 그는 고참선교사이므로 배울 기회보다 가르칠 기회가 많아서 자기 나름대로 정의를 내린 것 같다. 이것은 비단 한 선교사만의 문제가 아니기에 안타까운 일이 아닐 수 없다.

전도 가능 종족Reached People이란 무엇인가?

랄프 윈터는 종족이라고 불리 우는 어떤 한 집단 안에는 기독교인이 있고 비기독교인들이 있다고 했다. 이 기독교인의 유용적 형태가 교회인데 기독교인이 숫자가 많아져 전체 집단의 5-10% 혹은 그 이상이 되어 기독교인들 스스로 동기부여와 성령의 강권하심 등의 이유로 불신자들에게 복음을 전할 수 있는 능력을 갖췄다고 했을 때 우리는 이러한 집단을 전도 가능 종족Reached people이라고 부르자고 한 것이다. 따라서 이것은 성경적인가 아닌가를 따질 필요가 없다. 이것은 일종의 철학적 정의이다.

왜 이런 복잡한 이론이 필요할까? 하는 질문은 왜 물고기를 손으로 잡으면 되지 그물을 사용할 필요가 있냐? 고 묻는 말과 같다. 이것은 상기한 바와 같이 이는 유용한 도구useful tool가 될 수 있기 때문이다.

미전도종족Unreached People이란 무엇인가?

'미전도' 라는 의미는 '숨겨진', '잊혀진', '무시되어진' 또는 '닿지 못한' 의 뜻을 가지고 사용되고 있다. 또한 자신의 종족 집단에 복음을 전할 수 있는 자생적인 신앙공동체(교회)가 없는 종족집단이다. 그들 스스로 언어와 세계관의 일치로 인해 서로 간에 하나의 공통적인 친밀감을 갖고 인식하는 개인들의 집단이다. 이 집단은 대단히 큰 집단으로 복음화의 관점에서 보면, 이해나 수용의 장벽에 부딪히지 않고서도 교회 개척운동으로서 복음이 전파될 수 있는 가장 큰 집단이다.

미전도종족은 누군가 언어와 문화 등의 장벽을 넘어 이들에게로 들어가 복음을 전하지 않는다면 스스로의 힘으로는 교회를 세울 수 없는 종족들이다. 미전도종족은 그들이 이해할 수 있는 방법이나 형태로 복음이 선포된 적이 없으며, '그리스도'가 구원에 이르는 유일한 길이라는 것을 모르고 있다. 또한 그들 가운데 자전적自傳的인 교회가 없고, 그들의 모국어로 번역된 성경을 가지고 있지 않다. 설사 성경이 있다고 해도 어떤 장애로 인해 성경을 쉽게 접하지 못한다. 따라서 이들을 향한 선교는 시급히 이루어 져야 하는 일이다. 한마디로 미전도종족은 외부(타문화권)의 도움을 요청하지 않고서는 이 종족집단을 복음화 시키는데 필요한 만큼의 교인과 자원을 가진 크리스챤 공동체가 그 안에 하나도 없는 종족집단을 말한다.

어떤 한 종족에 스스로 복음을 전할 수 있는 자전능력을 갖춘 교회가 있을 때는 전도종족, 그렇지 못한 경우, 기독교인이 없거나 5%미만일 수도 있고, 그보다는 높은 기독교비율이지만 동기부여가 안 되어 자전능력을 갖추지 못했을 때는 미전도종족이라고 정의하자는 것이다.

옛날 한국교회에 네비우스라는 중국 산동 반도에서 일하던 미국 출신 선교사가 한국에서 일하는 서구선교사들의 수련회

강사로 초빙을 받았다. 그때 선교사들이 강사에게 요청한 것은 "어떻게 하면 이 한국족속을 효과적으로 선교할 수 있는지 가르쳐 주십시오" 라는 것이었다. 그래서 나온 것이 삼자$^{3-Self}$원리였다.

'일단 한국교회로 하여금 자전自傳능력을 갖추게 하고 그들로 하여금 동족 불신자들에게 복음을 전하도록 하게 하라. 자전하는 것이 가장 효과적이다' 라는 것이 네비우스의 권고였다. 일단 자전능력을 갖추었다고 하면 선교사는 자전능력을 갖춘 곳에서 철수하여 자전능력이 없는 곳으로 옮겨가는 것이 효과적일 수 있다. 계속 그곳에서 선교사가 일하면 신자들이 게을러질 수 있다는 것이다. 자전능력이 있는 곳에서는 선교사는 조언의 정도를 할 수 있을 뿐이다. 그렇다면 신임 선교사를 더 배치할 필요도 없는 것이다. 신임 선교사는 자전능력이 없는 곳으로 가는 것이 더 효과적이다.

그렇다면 자전능력의 기준은 무엇인가? 기독교인구가 전체 인구의 5% 혹은 10%등의 비율은 자전능력을 따지는 절대적 기준은 아니다. 이것은 아직 학자들마다 다르고 논쟁의 여지가 있다. '일본은 복음화율이 1%미만이지만 자전능력이 있으므로 전도종족인가?' 라고 질문할 수 있다. 일본은 3%만 넘으면 자전능력을 갖출 수 있으리라고 본다.

자전 능력의 유무를 판단하는 절대적 기준은 없다. 단지

reached / unreached 중 신임 선교사를 배치하는 데는 un-reached가 더 효과적이라는 것이 유용한 도구$^{useful\ tool}$이라는 것에는 이의가 없다.

단지 오해가 하나있는데, 전도지역$^{Reached\ Area}$은 추수가 진행되므로 추수신학적인 입장에서 보내야 한다는 것이다. 그런데 추수는 미전도종족지역에서도 일어날 수 있다. 많은 미전도지역$^{Unreached\ Area}$중에서 추수가 급격히 많이 일어나는 곳이 있다. 이곳에 선교사가 가면 추수가 더욱 가속화될 수 있다. 그러나 전도지역에 선교사가 자꾸 가면 전도지역의 사람들은 선교사를 계속 의지함으로 자전, 자치, 자립에 부정적인 영향을 줄 수도 있다.

'미전도종족이라는 번역의 뉘앙스가 오지의 사람들을 지칭하는 것 같지 않은가?' 처음 'Unreached people'을 번역하는데 약간의 아쉬움이 있었다. 마태복음 28:19의 영문 번역 상당수가 'Ethnos'를 'Nations'으로 번역하였다. 그러나 근대 정치국가 이전의 나라^{Nations}의 개념은 현재와 다르다. 성경 기록 당시의 나라와 현재의 나라는 그 의미가 다르다. 미국의 어느 학자는 'Nation'이라는 단어의 번역은 혼란스러우므로 적합지 않다고 했다. 'People movement'의 창시자 도날드 맥가브란과 랄프 윈터는 'Nation' 대신에 'People'을 사용했다. 성경의 "너희는 가서 모든 족속(민족)으로..."에서의 '족속^{Ethnos}'

은 지금의 정치국가의 개념이 아니다. 우리나라에서 국가나 나라가 아닌 족속으로 번역된 것은 잘 한 것이다. 그런데 왜 우리가 '종족'이란 단어를 썼는가 하면 '족속'이 비속어처럼 쓰인다고 했기 때문이다.

'족속은 무엇이고 종족은 무엇인가?'라는 점에서 혼란이 야기될 수 있으므로 성경대로 족속을 사용하는 것이 더 바람직하다고 할 수 있겠다. 결국 항상 일을 처음 추진하고, 출발(번역)하는 사람들의 선택의 책임이요 결과이다. 성경에 이를 '민족'으로 번역한 것은 종족 개념을 민족이라는 광범위 개념으로 대체시켜, 종족의 의미가 좀더 선명치 못한 것이 아쉬운 점이다.

선교사를 어디로 보내는 것이 더 효과적이며 전략적인가? 그 이유는 무엇인가?

상기에서 언급한 바와 같이 두 가지 카테고리로 모든 종족들을 구분할 수 있다. 신임선교사가 어디로 가는 것이 더 주님 나라를 위해 유익하겠는가? 그런 의미에서 reached / unreached 개념은 유용한 도구가 된다. 이런 선교적 용어들이 계속 개발되어야 하고, 이로써 학문이 발전되는 것이다. 현대선교운동의 뜨거운 이슈인 미전도종족에 대한 정확한 이해를 성경과 선교지 적용 사례연구를 통해 추구해야 한다. 미전도종족운동을 하면서 미전도종족 선교에 성경적 기저가 상당히 약한 것을 보았다. 사회학, 통계학, 인류학, 군사학, 전략학들을 도

입해 활용했지만 여전히 성경적 기초가 부재하다.

필자가 선교신학회에서 미전도종족 이슈를 가지고 선교의 파트너쉽 개념으로 발표했을 때, 김활영 선교사는 '참으로 재미있는 발상이다'라고 반응을 하셨는데 이는 '성경에 이런 의미를 함축되고 있다니!' 하는 깨달음 때문이었다. 성경 속에 의외로 많은 미전도종족에 관련된 보화가 있는데 이것을 그동안 발견하지 못했다. 또한 성경은 실천적이기 때문에 선교지 적용 사례연구를 통해 구체적 사역계획을 수립하는데 길잡이 역할을 할 것이다.

2-2) 미전도종족은 어디 있는가?

AD2000운동을 벌였던 루이스 부쉬Louis Bush등은 10/40 창문 내에 미전도 종족이 많이 있다는 것을 주장하였다.

'10/40창The 10/40 Window'이란 서부 아프리카에서부터 동아시아에 이르는 북위 10도에서 40도의 지역을 의미한다. 세계 미전도종족의 대부분이 10/40의 직사각형 모양의 창문 지역에 살고 있으며 이 지역에는 세계의 회교도들, 힌두교도들, 불교도들 등 영적으로 가난한 수 십 억의 영혼들이 살고 있다. 이 지역은 세계에서 가장 가난한 사람의 82%가 살고 있으며, 특별히 복음에 저항적인 지역들이 포함되어 있다. 전도된 / 미전도된 종족의 개념을 사용할 때 미전도지역을 오지, 산지, 정글의 개념으로 오해할 수 있는데 대도시에도 미전도종족 집단이 많이 들어와 있다는 점에서 그들의 주거지는 도시와 농촌에 걸쳐 광범위하다.

3) 미전도종족의 현황

3-1) 종족 현황에 대한 다양한 견해

미전도종족의 현황에 대해서는 오랫동안 일치를 보지 못하고 있다. 현황에 대한 상이한 의견은 보는 관점과 기준에 따라 다를 수 있기 때문이다. 그러나 95세계선교대회[GOCOW'95] 이후에 그 의견을 좁혀 가시화된 목표 설정을 갖게 되었다.

① 패트릭 죤스톤[Patrick Johnstone]은 12,000여개의 종족설을 주장한다. 종족을 언어인종학적으로[Ethno-linguistic] 구분하여 11,874 종족이라고 하는데, World A(복음화되지 않았거나 복음을 접하지 않은 지역, 인구의 50% 미만이 복음화 된 지역)에 3,915 종족이 있고, World B(복음화 된 세계 내에 있는 비신자들, 상당한 부분의 비신자와 그 문화 내에 상당한 기독교회를 지니고 있는 지역)에 2,456종족이 있으며, World C(기독교화 된 지역, 60% 이상이 기독교인이라고 고백하는 사람들이 존재하는 지역)에 5,412종족이 있다고 한다.

② 랄프 윈터[Ralph Winter]박사는 세분하여 사회적인 요소들로 구분하여 24,000개의 종족을 주장한다. 이 중 10,000종족이

미전도종족으로 남아 있다고 보았다.(미국세계선교센타 견해 참조)

③ 1990년 런던에서 열린 미전도종족입양전략회의Adopt-A-People Consulation에서는 12,000개 종족설로 절충하는 방안으로 의견을 모았다.

④ 프랭크 갈렙 얀센Frank Kaleb Jansen은 A Church for Every People(한국명 – 세계미전도종족의현황과 도전)에서 약 12,000개 이상의 종족 리스트를 발표하였다.

⑤ 여호수아 프로젝트 2000
여호수아 프로젝트의 통계에 의하면 총 16,407 종족 가운데 38.1%인 6,255개 종족이 미전도종족으로 남아있다. 이는 인구 만 명 이상의 종족 가운데 복음주의 자들의 비율이 전체 인구의 2% 미만(기독교인 4% 미만)인 종족들을 우선으로 뽑은 것이다.

4) 미전도종족 선교의 발전

20세기의 마지막 4반세기 25년은 미전도종족 선교가 대미를 장식하였다. 랄프 윈터와 그 추종자들이 그 이론을 만들었다면, 루이쉬 부시와 그 동역자들의 'AD2000 & Beyond 운

동'과 '10/40 window' 내의 미전도종족 선교는 뛰어난 적용
이었다. AD2000운동본부는 문을 닫았어도 여호수아 프로젝
트를 통해서 그리고 다양한 'Window Target' 전략 선교가 여
러 단체에 의해 적용 발전되고 있다. 또한 21세기 전방개척선
교 대상Mission Frontiers의 최우선 대상이 미전도종족이란 점에서
21세기 선교에서도 그 우선성이 인정받고 있다.

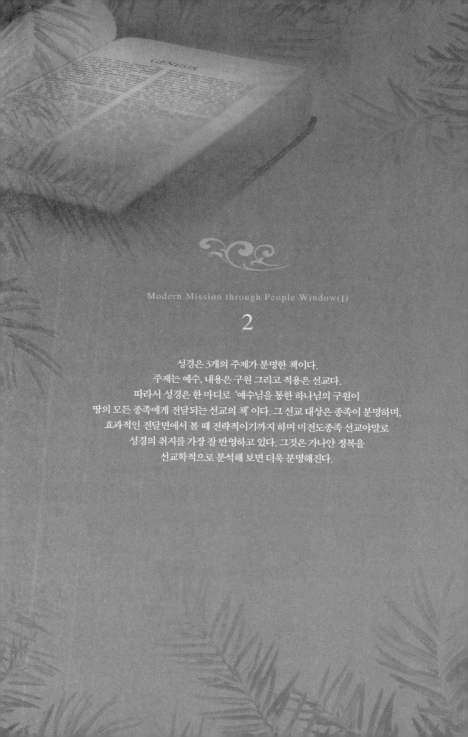

Modern Mission through People Window(1)

2

성경은 3개의 주제가 분명한 책이다.
주제는 예수, 내용은 구원 그리고 적용은 선교다.
따라서 성경은 한 마디로 '예수님을 통한 하나님의 구원이
땅의 모든 종족에게 전달되는 선교의 책' 이다. 그 선교 대상은 종족이 분명하며,
효과적인 전달면에서 볼 때 전략적이기까지 하며 미전도종족 선교야말로
성경의 취지를 가장 잘 반영하고 있다. 그것은 가나안 정복을
선교학적으로 분석해 보면 더욱 분명해진다.

2
미전도종족 선교의 성경적 기초

　현대 선교의 역사적 흐름을 날카로운 필치로 써낸 선교 역사가인 라토렛은 20세기 초반까지의 선교를 평가하면서 다음과 같이 방향을 제시하였다.

　"우리는 이제 한 개인의 구원을 넘어선 족속의 구원에 관심을 가져야 한다. 우리는 19세기 개인주의의 영향으로 한 개인을 가족, 마을, 부족으로부터 분리시켰기 때문에 이들은 뿌리를 잃거나 잘못 적응하여 고통 받는 수난을 겪었다. 물론 그리스도를 영접하는 것은 한 개인과 하나님 사이에 새로운 관계가 형성되어 새로운 삶을 사는 것을 의미한다. 그리고 대부분 한 그룹이 변화하는 것은 그룹 안에 있는 몇몇 사람들이 개인적으로 그리스도를 영접하면서 시작된다. 그러나 경험적으로는 전 가족, 부족이나 카스트가 전체적으로 변화되는 것이 더 유익하다. 이를 통해 각 개인의 신앙이 힘을 얻게 되고 전 사회가 쉽게 변화한다."

　이에 대한 구체적인 증거자인 맥가브란은 인도 땅에서 종족 집단 선교 경험을 책자화하였고 이것이 1955년에 간행된

「The Bridges of God」[1]이다. 여기서 그는 선교의 가장 효과적인 접근 방법으로써 동질 집단의 원리Homogeneous Unit Principle 를 제기하였다.

이보다 먼저 카메룬 타운센드는 과테말라의 선교사로 활동 중 그 곳 사람들의 공용어인 스페인어를 통해 접근하기가 어려운 집단을 발견하였고, 언어가 선교의 새로운 장벽임을 느꼈다. 그는 한 나라 안에는 여러 언어를 사용하는 종족 집단이 있다는 것을 알게 되었다.

1930년도에서 1970년대 초반까지 이런 종족 집단 별 접근 방법이 산발적으로 제기되어 오던 종족 개념은 랄프 윈터에 의해 집대성 되었다. 1980년에 열린 에딘버러 2차 선교대회에 참석하고 지난 15년의 현대 선교의 흐름을 지켜본 선교 신학자 전호진박사는 "현대 선교는 한 마디로, 미전도종족 선교"라고 결론지었다. 따라서 미전도종족 선교에 대한 이해 및 성경적 기초를 찾아본다면 현대 선교의 좋은 출발점이 될 것이다.

라토렛은 역사의 경험을 통해, 도날드 맥가브란은 인도라

---

1) 한국어판 제목 「하나님의 선교전략」 한국장로교출판사

는 선교현장의 환경을 통해서(카스트제도), 대학을 중퇴한 카메룬 타운젠드는 과테말라에서 종족 언어의 장벽을 통해 수평적 족속에 대해 경험적으로 깨달았다. 맥가브란은 성경에서 말하는 족속개념이야말로 '동질집단원리'라고 하였다. 그는 1930년대에 족속개념을 깨달았고, 1950년 동질집단원리를, 1970년대에는 이것을 교회성장학에 적용했다. 그의 교회성장학의 기초는 족속개념이다. 그의 저서『하나님의 다리 The Bridges of God』은 "어떻게 한 족속이 하나님께로 돌아오는가?" 하는 질문으로 시작하여 동질집단의 원리를 소개한다.

동질집단의 원리는 눈에 보이지는 않지만, 사람이 사는 족속에는 사회적 관계망이 있는데, 이 네트워크를 통해 족속들이 돌아올 수 있다는 것이다. 그렇게 되면 교회성장이 가장 빠르게 진행된다. 따라서 교회성장을 보는 사람은 족속의 개념에서 볼 것이며, 교회성장을 원하는 사람은 족속 내에 족속 토착 교회를 세우는 것이 가장 효과적이라고 할 수 있다.

하나님의 최대 관심은 만민에게 복음이 전파되는 세계 복음화이다(마28:19,20; 막16:15; 눅24:47,48; 요17:18, 20:21; 행1:8). 세계는 약 24,000개의 언어와 문화가 다른 이질 집단 종족으로 구성되어 있다. 그런데 왜 성경은 종족 단위 선교에 관심을 기울이는가? 특히 미전도종족 선교를 의지적으로 강조하는 이유가 무엇일까? 왜 많은 종족 선교 중 한 종족인 이스라엘을 택하셔서 그의 구원을 알리신 이유는 무엇인가? 오늘날 교회는 이것을 어떻게 이해하고 있는가?

> 계 5:9-10 "새 노래를 노래하여 가로되 책을 가지시고 그 인봉을 떼기에 합당하시도다 일찍 죽임을 당하사 각 족속과 방언과 백성과 나라 가운데서 사람들을 피로 사서 하나님께 드리시고 저희로 우리 하나님 앞에서 나라와 제사장을 삼으셨으니 저희가 땅에서 왕 노릇하리로다 하더라"

"각 족속, 백성, 방언, 나라" 이 네 단어는 족속과 관련되어 있다. 족속들이 사용하는 말이 방언이고, 구성원으로써 정치 개념을 띈 것이 백성이다. 지경개념은 나라이다. 계시록 기록 당시의 나라개념은 지금의 나라의 의미와 동일하지 않다. 4단어 중에 중요한 단어는 족속이라고 볼 수 있다.

> 마 28:19-20 "그러므로 너희는 가서 모든 족속으로 제자를 삼아 아버지와 아들과 성령의 이름으로 세례를 주고 내가 너희에게 분부한 모든 것을 가르쳐 지키게 하라 볼지어다 내가 세상 끝 날까지 너희와 항상 함께 있으리라 하시니라"

지금까지 우리는 이 구절을 대할 때 "가르쳐서 지키게 하라"는 제자 훈련 쪽에 많은 관심을 두었다. 그러나 모든 족속

으로 가라는 명령이 우선되며 성경신학적인 면에서 볼 때 선
교적 명령이 더 중요한 의미를 갖는다.

마 24:14 "이 천국복음이 모든 민족에게 전파되어야 하리니 그제
야 끝이 오리라"

이 구절에서 사용된 민족이라는 단어는 마태복음 28장 19
절에서처럼 Ethnos로 기록된 종족 개념이다. 마지막 날 있을
것을 오늘날의 시점과 연관하여 거꾸로 연결시켜 보자. 종래
의 계획을 세우는 것planning은 과거에서 현재와 미래순이지만
우리는 미래에서부터 현재로 역추적 해보자. 그러면 우리의
관심이 아직도 미전도 된 사람들에게 초점이 모아질 것이다.
모든 민족에 복음이 전파되는 현상은 종말의 한 현상임에 틀
림없다.

창 12:1-3 "여호와께서 아브람에게 이르시되 너는 너의 본토 친
척 아비 집을 떠나 내가 네게 지시할 땅으로 가라 내가 너로 큰 민
족을 이루고 네게 복을 주어 네 이름을 창대케 하리니 너는 복의
근원이 될지라 너를 축복하는 자에게는 내가 복을 내리고 너를 저
주하는 자에게는 내가 저주하리니 땅의 모든 족속이 너를 인하여
복을 얻을 것이니라 하신지라"

위 구절은 하나님께서 아브라함을 부르신 목적을 드러내고

있다. 여기서부터 하나님이 아브라함과 공동사역인 선교를 언급하고 있다. 아브라함 이전에 노아를 통해서 세상 사람들에게 경고하는 부분이 있긴 하지만 2절 큰 민족을 이루겠다는 것은 하나님이 구원의 역사를 행하는 데 있어서 민족, 족속개념에 관심이 많다는 것을 보여준다. 종래 우리의 해석은 이스라엘 족속을 축복개념으로만 생각했었다. 하나님의 선교에는 족속개념이 자리 잡고 있다. 아브라함을 선택했을 때 그분이 어떠한 의도를 갖고 계셨을까?

1. 종족 집단의 기원

대홍수 이후 노아의 자손은 창세기 10장에 기록되어 있다. 야벳의 후예는 1-5절, 함의 자손은 6-20절에서, 그리고 셈의 자손은 21-31절에 언급하고 있다. 그리고 계속된 11장에서 우리는 의미심장한 바벨탑 사건을 맞게 된다. 왜 세 족속 민족들의 목록이 나오고, 11장에 와서 바벨탑사건이 기록되어 있을까? 그것은 히브리 도치법의 한 형태로 11장은 종족들이 흩어진 그 원인을 그리고 10장은 그 결과 즉 종족들의 분화된 모습을 기록한 것이다.

성경에서 말하는 족속의 개념은 언어와 밀접한 연관이 있다. 말과 언어가 다르면 문화도 다르다. 창세기 11장 1절에서 바벨탑을 쌓을 당시는 온 땅에 구음이 하나였다. 그러나 6절에서 "이 무리가 한 족속이요 언어도 하나라"라는 원인을 지적하신다. 결국 바벨탑의 하나님의 징계는 하나님이 인생을 지으시고 인생을 지으시기 이전에 만물을 지으시고, 만물을 인간의 통치 하에 다스리라는 명령 즉, 문화적 사명을 주셨다는 것에서 원인을 찾아야 한다. 그러나 이들은 온 땅에 흩어져 땅을 다스리기를 원치 않았다. 바벨탑은 먼데 가서라도 돌아올 수 있도록 위치를 표시하는 지경석이라는 해석이 더 설득적일 것이다.

11장 4절에서 그들은 "온 지면에 흩어짐을 면하자"고 결의한다. 하나님은 흩어져야 한다는 것이고, 그들은 흩어짐을 원치 않는 즉, 하나님의 뜻에 반역적인 산물이 바벨탑이다. 하나님은 언어의 혼잡을 통해 이들을 흩으시는 징계를 내리신다.

바벨탑 사건 후 학자들의 관심은 "그럼 몇 개로 종족이 나뉘었을까?"하는 것이었다. 창세기 10장은 적어도 70개 언어로 혼잡해졌음을 나타낸다. 그렇다면 그 다음은 어떤 언어로 말씀하셨을까?

창세기 11장 1-9절에서 보면 언어의 혼잡 이후 셈의 계보가 반복적으로 나타난다. 그런데 하나님의 구원계시가 어떤 통로를 통해서 전달되었는가? 셈, 함, 야벳 특별히 셈의 계보를 주시하고 적혀있는 것은 하나님의 셈의 자손인 아브라함을 통해 역사하심을 나타내는 것이다.

요컨대, 바벨탑 사건은 인간 타락의 정점이자 하나님의 독특한 심판으로 시작이 된다. 또한 이 시점은 선교가 다른 언어와 문화권을 뛰어 넘어야 하는 분수령이 되고 있는 것이다. 다른 방언으로 흩어진 사람들은 같은 언어와 문화끼리 사회를 이루게 되어 서로 다른 집단을 이루게 되었고, 이것이 종족People의 시작이었다. 왜냐하면 한 종족 집단 내에서만 동일한 언어가 사용되며 동질의 문화가 공유되고 이것은 다른 종족 집단과의 보이지 않는 장벽이 되고 있기 때문이다.

1) 창세기11:1-9절을 통해 바벨탑 사건을 분석해 보자.

온 땅의 구음口音과 언어言語가 하나일 때 발생되는 효과는 무엇일까? 의식주(시날 평지, 벽돌, 역청) 문제 해결에 어려움이 적었다. 문명 발달이 빨랐다. 이들은 이미 돌과 진흙을 대신하여 벽돌과 역청으로 탑을 쌓았다. 자아실현의 욕구가 생겼다. 그들의 이름을 내기(4절)를 원했다. 또한 안정 추구의 경향으로 흘렀다. 그들은 온 지면에 흩어짐을 면하기(4절) 위해 지경석을 쌓았다. 이런 현상은 생육하고 번성하며 땅에 충만하라는 하나님의 뜻(창1:28)에 어긋난다.

하나님이 그들을 흩으시는 방법은 언어를 혼잡하게 하는 방법이었다(창11:7,9). 바벨탑 이전까지는 하나님의 구원의 계시 방법은 하나의 언어, 하나의 말로서 비교적 단순한 방법으로 이루어졌다고 볼 수 있다. 그러나 바벨탑 사건으로 언어가 갑자기 많아졌다. 이런 언어의 분화는 교만하고 불순종한 인간을 향한 하나님의 심판이었지만 그 결과는 종족의 분화 현상으로 이어졌다. 현대 선교 용어인 '종족' 파생의 근원이 되었다. 종족은 '동일한 언어와 동질의 문화를 공유하는 사회적 집단'이라고 정의할 수 있다. 미국세계선교센타는 바벨탑 당시에 분화된 언어를 유추하여 70개 언어로 흩어졌다고 추측한다.[2] 문제는 그 이후에 발생했다. 하나님이 인간과 대화하는 방법의 문제였다. 인간의 죄성과 왜곡성으로 인해 하나님의 구원 계시가 변질되지 않고 모든 족속에게 동시적으로 전달되는 것이 어렵게 되었다. 결국 하나님의 구원 계시 전달 방법은 70개 종족 집단 중에서 한 종족을 택하여 그와 그의 후손의 역사 속에서 그의 계시를 전달하기로 결심하셨다. 이것은 창세기 12장의 아브람이라고 하는 평범한 족장 선택으로

---

2) US Center For World Mission은 바벨탑 직후의 종족수가 70개, 예수님 당시는 60,000개, 그리고 그 이후로는 교통의 발달과 무역거래의 증가로 종족의 이합집산의 과정을 거쳐 현재는 24,000종족으로 분류하고 있다. 그들의 주장은 구체적 종족 자료를 제시하지 못하지만 종족의 생성과 분화 과정을 가시화시켰다는데서 의의가 있다. 미전도종족의 수는 학자에 따라 다소 다르기에 계속 연구가 필요한 대상이라고 본다.

가시화되었다.

아브라함의 선택의 의미는 무엇인가? 아브라함이 사용하는 언어의 선택이라는 것이다. 그의 언어로 하나님의 말씀을 계시하셨다는 의미이다. 아브라함에게 줄곧 말씀하심에 따라서 다른 족속들은 약간 소외되는 것 같이 보인다.

2. 세계 모든 종족들을 위한 하나님의 의사 전달 방법

커뮤니케이션 관점에서 선교를 본다면, 하나님sender과 인간 receiver사이에 하나님의 메시지message가 전달되는 것이 커뮤니케이션의 과정이다. 송신자는 송신자 나름대로 어떻게 커뮤니케이션 할 것인가에 대한 방법과 철학이 있다. 송신자와 메시지 사이에는 언어와 말이라는 도구가 필요하다. 구음이 하나였을 때 하나님이 그 언어로 말씀하셨으나 문제는 수신자들이 70개의 언어로 그룹집단으로 분화된 것이었다. 그러면 하나님은 어떻게 자신의 뜻을 전달하시겠는가? 어떤 언어를 사용하실 것인가는 하나님의 선택이다.

1) 동시다발적 커뮤니케이션?

'하나님이 완전하신 분이므로 동시적으로 커뮤니케이션 하는 방법이 있을 것이다' 라는 견해가 있다. 이 방법에는 어떤 문제가 있겠는가? 송신자이신 하나님은 완벽하지만 수신자는 죄인인 불완전한 인간이다. 하나님이 첫 수신자에게 말씀하시고 첫 수신자가 그 자손에게 전달할 것이다. 모두 70족속에게 하나님께서 동일하게 말씀하실 것이다. 그러나 문제는 메시지가 전달됨에 따라 내용이 엉뚱하게 전달될 것이 분명하다는 것이다. 예를 들어 A족속에게 전달된 "하나님이 세상을 이처럼 사랑하사"라는 메시지를 B족속에게는 "하나님이 세상을 이처럼 사모하사"로 또 C족속에게는 "이처럼 사탕을 많이 주사", D족속에게는 "이처럼 사사를 많이 주사"로 전개될 가능성이 있다는 것이다.

어느 시기가 지나고 나서 이 족속들이 자기가 받은 메시지가 정확하다고 주장하게 될 것이다. 서로 원조의 논쟁을 하게 되는 것처럼 말이다. 그래서 하나님이 동시 커뮤니케이션의 방법을 사용치 않으셨다.

2) 동시 다발적 선택이 아닌 한 종족 집단 선택

왜 하나님은 바벨탑 사건 이후로 흩어진 모든 종족 집단에게 의사소통하지 않으시고 그의 계시를 한 종족 집단에게 먼저 나타내셨을까? 창세기 12장은 그 이유와 방법을 설명하고 있다. 이것은 세계 선교를 위한 종족 접근 방법에 대한 위대한 암시를 주고 있다.

창세기 12장은 한 평범한 인간 아브람에게 나타난 하나님과 그의 약속에 초점을 맞추고 있다. 큰 민족을 이루게 하신다(2절)는 말씀은 창세기 1:28의 번창의 실현이라는 점에서 복의 의미를 뒷받침하고 있다. 복의 근원이 된다는 말씀은 이 샘물은 많은 나그네를 위한 즉, 많은 민족(종족)을 위한 축복이 된다는 것이다. 3절에 이것이 더욱 구체화된다. '땅의 모든 족속이 너를 인하여 복을 얻을 것이니라' 하나님은 땅의 모든 족속에게 임할 복에 더 강조점을 두고 있다.

'왜 하나님은 한 종족 집단에 관심을 주었을까?' 에 대한 대답은 동일한 언어 사용으로 인한 의사 전달의 정확함과 용이함을 의식하셨기 때문이다. 한 집단내의 문화는 사람들의 마음을 편안하게 하는 자연스러움이 있다. 하나님의 구원 메시지는 내용이지 어떤 형식이 아니다. 문제는 내용이 어떤 형식을 취하지 않고는 전달이 용이하지 않는데 있다. 복음은 그 문화의 옷을 입혀야 그 내용 전달이 정확하고 전파 속도가 빠르다는 것이다.

2-1) 아브람 종족 집단의 분열
아브람과 그의 조카 롯은 한 종족 집단의 분열 또는 분화하는 모습을 보여 주고 있다. 그 요소를 분석해 보자.

① **지도자의 개성** : 아브람과 롯의 다른 개성과 기질은 동업

이 번성하자 나타났고 롯이 요단들을 선택하고 아브람은 가나안 땅을 택한다(창13:10). 거하는 지역이 다르다는 것은 무엇을 의미하나?

② **집단 이익의 차이** : 사업이 번창하면 이해관계가 예민하게 된다. 아브람과 롯의 목자들이 다투게 된다. 이것이 지도자들의 선택을 요구하게 되었다(13:6,7)

③ **문화와 가치관의 차이** : '요단들은 보기에 여호와의 동산 같고 애굽 땅과 같아(창13:10)' 문명이 더 발달되었으니 악함도 번성하여(창13:13) 죄가 번성하였던 반면, 가나안 땅에 사는 아브람에게는 자손 번창에 관한 비전과 여호와를 위한 예배 문화가 자리 잡히는 것을 볼 수 있다(창13:14-18).

④ **환경 변화의 요인** : 창세기 12:10에 나타난 기근 현상은 사람들로 이동하게 하여 이방 문화와의 접촉은 종족 집단의 새로운 영향을 주게 되고 이것은 새로운 기회를 만들기도 한다.

2-2) 이스라엘의 선택과 역할

아브라함과 그 후손은 계속 분화되어 여러 종족(민족)을 이루게 된다. 그 중 아브라함, 이삭 그리고 야곱으로 흐르는 혈

통에 성경은 주목한다. 특히 야곱의 12아들들이 소위 이스라엘 민족을 이룬다.

70족속 중 한 족속의 장인 아브라함을 선택하신 것은 히브리어를 선택하셔서 "너와 너의 언어를 통해서 너 안에서 태어날 이스라엘 족속을 통해서 땅의 모든 족속이 이 메시지를 전달받으리라 그래서 구원을 얻을 것이라"는 구원의 계획이 숨겨져 있다.

하나님의 커뮤니케이션 방법이 일대 다수에게 말씀하시는 것에서 전도로 바뀌었다. 하나님의 구원은 누구를(아브라함아 너를) 통해서 누구(땅의 모든 족속)에게 전해지는 방법이었다. 하나님이 모든 족속을 구원하시는데 전도의 미련한 방법을 사용하신다. 하나님은 전능하심으로 나타나서 말씀하실 수 있고, 중간에 나타나셔서 변질을 막으실 수 있다. 그런데 하나님이 아브라함을 선택한 것은 더디고 미련해 보인다. 그러나 이것은 하나님이 선택하신 방법이다. 전도의 방법이다. 더 나아가 히브리 족속의 아브라함이 다른 족속들에게 전하는 것이므로 선교의 방법을 선택하신 것이다.

하나님은 지금도 마찬가지로 우리들을 통해서 땅의 미전도 족속에게 복음 전하시길 원하신다. "하나님 왜 그렇게 하셨어요? 이건 정말 미련한 방법 같아요."라고 말할 수 있는 전도라는 방법을 통해 이 일을 하신다. 그러나 하나님의 구원 방법인 전도는 하나님과 인간의 공동사역이다. 하나님은 인간을 구원 사역에 동역자로 부르셨다. 그는 오늘도 족속이 족속에게 전달하는 선교적 방법으로 계시록 7:9-10을 이루고 계신다. 이것이 하나님께서 모든 족속을 구원하시는 과정이다.

이런 설명은 상상이며 추측일 수 있다. 그러나 세대마다의 메시지 왜곡현상은 충분히 있을 수 있다. 우리의 거듭난 합리적 이성은 무가치한 것이 아니다. 이런 합리적 사고를 사용해서 이 부분을 상상해 보는 것, 그러나 하나님의 진짜 이유를 나중에 알게 된다면, 이것이 중요한 것은 하나님이 이 방법을 택하셨다는 것이다.

하나님은 왜 아브라함을 선택했는가? 언어와 민족성이 독특했기 때문인가? 아브라함은 하나님의 은혜로 선택함을 입었다. 무조건적 선택이다. 우리도 선택함을 받았다. 우리도 아브라함의 후손, 제2의 아브라함인 것이다. 아브라함을 가나안땅으로 보내셨다면 우리도 신가나안으로 보냄을 받지 않았겠는가?

'아브라함아 내가 너를 통해서 땅의 모든 족속에게 구원을 선포할 것이다' 라고 약속하셨다면, 우리도 선교의 도구로 땅의 다른 족속에게 구원의 도를 전달하는 사람으로 사명을 부여받았다. 아브라함에게 나타난 하나님의 말씀이 우리 속에 살아 적용되는 것이다.

3. 세계 종족집단에 대한 이스라엘의 역할 그리고 세계 선교에 대한 교회의 역할

하나님은 야곱의 이름을 이스라엘로 바꾸시면서 그의 조상 아브라함에게 약속한 말씀(창12:1-3)을 상기시키고 있다. 즉 모든 종족에게 축복의 근원이 될 것이라는 약속을 확인하신다. 이것은 한 죄인을 돌이켜 새 사람(이스라엘)으로 만든 하나님이 어떤 목적을 갖고 구체적으로 쓰시겠다 하는 결심이 배여 있는 것이다(창35:10-11).

빼어난 아비라는 뜻의 '아브람' 이 열국의 아비라는 의미의 '아브라함' 으로 바뀐 것은 그의 이름을 부를 때마다 열국을 생각하게 될 것이기 때문이다. 이스라엘이라는 이름도 땅의 모든 족속을 전제로 한 이름이다. 이것은 하나님의 의지적 표현인 것이다.

하나님께서 사용하신 구원의 전달방식은 사람이 사람에게, 족속이 족속에게 전하는 것이다. 성경에는 이스라엘 종족의 파란만장한 이야기가 더 많이 있다. 있을 수 있는 인간의 이야기는 감동을 준다. 인간의 시스템에 하나님의 계시를 집어넣어 주시니까 사람들이 감동할 수 있는 것이다. 하나님의 감동으로 기록된 것은 감동으로 전달될 필요가 있다. 예수그리스도의 삶은 깊은 감동이 있다. 오늘날 구약성서도 구체적 상황 속에 기록되었다는데 상당한 의미가 있다. 구약은 이스라엘의 역사나 하나님의 구원의 계시가 혼재되어 있으므로 감동이 있다. 이스라엘 족속 지파의 기원 자체가 야곱의 아내인 네 명의 여자에게 나온다. 사기 치고 사기 당하는 야곱, 요셉의 형들 등 이런 인간의 역사를 하나님이 왜 쓰셨을까? 고고한 이야기에는 감동보다 콤플렉스를 느낄 것이다.

이스라엘이 선택됨이 중요한 것이 아니라 하나님이 한 족속을 택하심에 대한 큰 그림이 중요한 것이다. 그 후에는 한 족속의 사명이 더 중요한 것이다.

1) 가나안 땅의 설정이 갖는 진정한 의미와 현대적 적용
⊙ 가나안땅의 의미에 대한 가설
"가나안땅은 구원과 사명을 상기시키는 구체적인 땅 이었다."라는 가설을 세워보자. 가나안은 축복을 누리고, 사명이 실천케 되는 땅이었을 것이다. 출애굽기 3:8,17에서 하나님이 가나안을 묘사하시는 것을 보면 이 개념과 상통한다. 출애굽기는 애굽으로 내려 간 이스라엘 족속이 노예가 되어있는 상황에서부터 출발한다. 이것은 구원 받기 전 죄인의 모습을 상징한다. 여기에서 우리는 복의 개념을 가장 구체적으로 이해할 수 있다. 노예에게 있어서 가장 큰 축복은 해방이요 구원이다. 젖과 꿀이 흐르는 땅이 갖는 컨셉은 땅을 가질 수 없는 노예가 땅을 소유한다는 구원의 가시적 실체이다. 즉 젖과 꿀은 시청각적으로 복을 느끼게 하는 것이다. 복이라는 것은 구원이라는 근본적 축복 위에 덧붙여지는 것이지, 그것 자체에서 끝나는 것이 아니다.

17절 젖과 꿀이 흐르는 땅, 곧 가나안족속, 아모리 족속의 땅으로 올라가게 하셨다. 그 땅은 젖과 꿀이 흐르는 땅인 동시에 족속들의 땅이었다. 가나안족속은 미전도 된 족속들이었다. 가나안 땅은 공터가 아닌 선교대상이 거하고 있던 땅이므로 선교적 사명을 상기시킬 수 있는 땅이었다. 이스라엘 백성이 책임져야 할 일부의 땅이었다. 일부를 드림으로써 전부를 드리는 것이고, 예루살렘으로부터 땅 끝까지 가는 출발점이 된다.

그런데 이스라엘 백성은 불순종하였고 '가나안'은 '안나가'의 땅이 되었다. 이스라엘 백성의 불순종은 율법의 불순종보다 더 큰 의미인 구원을 전달해야 하는 봉사에 대한 불순종이었다. 하나님께서 권능을 주시는 이유는 사명을 위해서이다. 가나안은 동전의 양면이 있다. 선택과 사명의 면이다. 이스라엘의 실패는 여러 번 반복되었다.

1-1) 가나안 땅에 대한 기존 해석의 재고

필자가 조사 한 바에 의하면 한국교회의 많은 신자들은 가나안 땅 하면 '젖과 꿀이 흐르는 땅'과 '천국'을 상징하는 제3의 공간 개념으로 이해하고 있었다. 이러한 해석은 이스라엘 중심적인 해석으로 기울 수가 있다. 확실히 그 땅은 젖과 꿀이 흐르는 땅으로서 글자 그대로 해석할 수 있다. 다만 그 땅에서 기근이 발생하였다는 점에서는 땅 이상의 의미가 있음을 보여주고 있다(창12:10, 창41:45, 57, 창42:5).

아브람은 창세기 12장 1절로 3절에서 하나님의 보내심으로 가나안 땅에 입성하였다. 그러나 얼마 후 그는 그 땅에서 기근을 만나 애굽으로 피신한다(창12:10). 이런 현상은 야곱과 그의 열 한 아들이 칠 년 간의 심한 기근으로 인해 애굽으로 피신하는 모습에서 그 절정에 달한다(창42:5). 젖과 꿀이 흐르는 땅의 기근은 무엇을 의미하는가? 더구나 천국과 같은 땅을 떠나 이 세상을 상징한다는 애굽으로 다시 내려간다고 하는 것은 아이러니가 아닐 수 없다. 특히 가나안이 천국을 상징하고 있다는 해석은 애굽을 이 세상으로, 가나안은 저 세상으로 묘사하고 있는데서 기인한다. 과연 가나안 땅은 이스라엘의 최종 정착지인가? 아니면 새로운 시발지인가? 천국으로 해석하는 관점에서는 가나안을 최종 정착지라고 해석될 수 있다. 그러나 하나님은 가나안을 구원선포의 출발지로 삼으셨다. 그 땅은 하나님의 나라가 이 땅에 임하는 첫 번째 땅이라는 해석은 가능하다. 즉, 이 세상을 하나님이 임재 하는 땅으로 변화시킨다는 점에서 가나안 땅 점령사건은 선교적이다. 이스라엘은 가나안의 7족속들에게 먼저 보내졌다. 하나님의 구속 대상에는 그들도 포함된 것이고 하나님의 위대함이 그들 가운데 드러나기를 원하셨다.

1-2) 가나안 땅의 진정한 의미

창세기 15장과 출애굽기 3장 8절, 17절을 자세히 보면 하나님은 가나안 땅을 젖과 꿀이 흐르는 땅, 곧 가나안 족속, 헷 족속, 아모리 족속, 브리스 족속, 히위 족속, 여부스 족속의 땅이라고 친절히 그 의미를 설명하셨다. 창세기 15장의 아브람에게 그의 자손이 들어갈 땅을 애굽강에서부터 그 큰 강 유브라데까지로 설정하고, 곧 겐 족속, 그니스 족속과 갓몬 족속과 헷 족속과 브리스 족속과 르바 족속과 아모리 족속과 가나안 족속과 기르가스 족속과 여부스 족속의 땅(창15:18-21)으로 구체적으로 기술하였다.[3] 따라서 가나안을 해석할 때 우리는 종래의 '땅'에 엑센트를 두는 해석과 함께 그 땅에 거하

는 '족속', 현대적 의미로는 '미전도종족'에 엑센트를 두는
해석을 고려하는 것이 바람직하다. 가나안 땅은 하나님 나라
를 이 땅에서 실현시키는 의미에서, 미전도종족들의 땅이라
는 설정은 아주 흥미롭다. 따라서 이스라엘의 이방 7족속과의
만남, 즉 조우Encounter가 불가피하였다. 가나안은 천국을 상징
하는 '저 세상'이 아니라 '또 다른 이 세상'인 것이다. 바로
선교지인 미전도종족의 땅인 것이다.

이상을 성경신학적인 관점에서 정리하면 다음과 같다. 즉
하나님의 백성은 애굽과 같은 이 세상에서 구원받아 시나이
반도 같은 광야에서 훈련과 단련 후에 사명을 띠고 요단강을
건너 또 다른 이 세상으로 보냄 받는 존재인 것이다. 또 다른
이 세상인 가나안 땅에서 우리는 하나님의 구원을 선포하는
증거적인 사명을 수행하고 이 가운데서 천국을 확장해 나가
는 것이다. 결국 가나안 땅은 동전의 양면과 같았다. 한 면面은
하나님이 이스라엘에게 주시는 축복으로 젖과 꿀이 흐르는 땅

---

3) L. Rost는 구약에서 언급된 모든 족속(goyyim)은 '이방'의 의미를 지녔고, 정치적 혹은
국가적 의미가 아니고 종교적 의미를 가진다고 했다.(구원사속의 선교, Yohannes Blaw
著, 채은수譯 에서 재인용-) 이 해석은 신약에서 족속(마28:19) 또는 민족(마24:14)을 의
미하는 ethnos의 개념과 일치한다고 볼 수 있다. 이 점은 국가 단위(정치적 단위)로 접근
하는 작금의 선교 방식의 수정을 요구하고 있다. 따라서 종족 집단은 지역 신을 섬기고
있다는 점에서 종교적인 집단이며, 언어와 문화의 동질성을 갖고 있는 점에서 인종언어
적인 집단이다.

이었고, 다른 면面은 사명의 땅이었다. 그것은 미전도 종족 내에 하나님의 유일성과 구원을 선포하는 것이었다. 가나안은 그런 점에서 하나님의 복福구원을 만방에 알리기 위한 구속의 무대였고, 이 무대 위에서 배우로 활동한 사람들이 바로 이스라엘이었다. 이 연극의 관람 대상은 모든 족속(창 12:3, 마 28:19)이었음을 잊지 말아야 할 것이다.

또한 가나안 땅은 지구의 모든 땅의 일부이고, 그 곳에 거주했던 예닐곱 족속들은 모든 세상 족속의 일부였다. 창세기 15장에서는 10족속의 이름이, 출애굽기 3장에서는 6족속의 이름이 구체적으로 거명되었다. 이것은 무엇을 의미할까? 왜 하나님은 믿음과 선교 공동체인 이스라엘을 미전도 족속의 땅 가나안으로 가게 하셨나? 그것은 십일조와 주일 성수의 의미에서 보듯 일부를 통한 드림과 헌신을 통해 모두를 주 앞에서 드리고 헌신하는 것을 고백하는 것이다. 즉 우리는 십일조로 구별하여 주께 드림으로써 십의 구조도 하나님의 공급하신 것임을 고백하고 우리가 그것을 맡은 청지기로서의 존재로 확인한다. 주일을 거룩히 구별하여 지킴으로서 나머지 6일도 거룩히 지켜야 되는 것을 고백하는 이치와 같다.

따라서 하나님은 가나안 땅을 설정하심으로서 이스라엘이 그곳에 들어가 살면서 하나님의 백성으로 살고 그곳 백성들에게 하나님의 위대하심을 드러내게 하셨다. 그들은 가나안 외^外 나머지 모든 땅에 대해서도 하나님의 주권을 고백했어야 했다. 가나안에 거주했던 이방 족속들에게 구원을 선포함으로 가나안 외^外 지역의 모든 미전도 종족들에게도 가서 하나님의 구원을 선포하고, 모든 땅에 하나님의 영광을 선포해야 했다. 그러나 이스라엘은 이에 대한 이해가 없었다. 당시 명배우였던 요나의 불순종에서 우리는 슬픈 이스라엘의 실패를 볼 수 있다.[4]

1-3) 가나안의 현대적 적용

가나안은 세계 땅의 일부였다. 그리고 이스라엘 선교 공동체는 그곳으로 부름을 받았다. 그렇다면 오늘날의 '新이스라엘' 인 우리는 어디로 가야할까? 필자는 '新이스라엘' 이 가야할 땅을 편의상 '新가나안땅' 이라고 명명하고 싶다. 그렇다면 '新가나안땅' 은 어디 있을까? 가나안 땅을 묘사한 하나님의 본심을 이해한다면(창15:18-21, 출3:8,17) 그 땅은 바로 미전도종족의 땅이라고 볼 수 있다. 그렇다면 오늘날의 선교공

---

4) 박중수는 "요나서의 마지막장은 요나의 침묵으로 끝난다. 요나는 이제 무대에서 사라지고 오직 당신과 내가 써 넣어야 할 여백만 남아 있다. (중략) 우리들의 (한국) 교회적 자부심과 편당의식과 영적 우월감 속에서 요나는 지금도 살아 움직인다"라고 경고하고 있다.(니느웨성으로 가는길, 박중수 pp.158-160)

동체(광의로 세계교회 또는 한국교회, 협의로는 교단 또는 선교단체)가 가야할 곳은 어디인가? 그 해답은 미전도 종족에게 있다. 미전도종족이 있는 땅 곧 그곳이 바로 오늘 우리들이 가야할 '新가나안땅' 이다. 이 논리는 땅보다 그곳에 있는 족속에 더 강조점을 둔다는 점에서 더 성경적이라고 볼 수 있다.

2) 구원의 드라마

많은 미디어 중에 드라마라는 장르가 있다. 이것으로 비유하여 하나님의 커뮤니케이션 방법을 설명해 본다면 다음과 같다. 드라마에는 PD, 연극배우, 관객 그리고 무대가 있다. 하나님을 위대한 구원 드라마의 연출가로 비유해 보자. 하나님을 PD로 비유한다면, 연극배우는 누구이고, 무대는 어디이며, 연극이 대상으로 하는 관객은 누구이겠는가?

연출가는 연극의 성공적 공연을 위해 무대 배우가 필요해서 많은 종족(민족)중 이스라엘을 택하셨다. 그런 점에서 그들은 선민이었다. 그러나 연극은 누구를 위한 연극이었는가? 열방의 모든 종족들이다. 하나님은 처음부터 이들에게 자신의 메시지(복음)를 전달하시고자 했고 이것은 지금도 변함이 없다.

하나님이 아브라함을 선택한 것은 연극배우를 선택하신 것이다. 이스라엘도 선택된 배우였다. 이유는 무엇인가? 관객에게 PD의 구원 극본을 전달케 하기 위한 선택이었다. 그 배우는 노예 가운데 있었던 자였다. 배우는 무대로 가야한다. 가나안은 이스라엘이 연극배우로 가야할 무대였다. 무대는 관객을 의식해서 쓰는 표현이다. 무대는 배우들을 위한 장소이다. 하나님이 무대를 무대답게 만들어서 전달이 잘 되도록 하셨다.

'이스라엘의 신은 누구 이길래 축복을 주는가? 이방 족속들로 하여금 이스라엘 신에 관심을 갖게 하고, 돌아오게 하는 하나님의 의도가 숨겨져 있었다. 가나안은 하나님의 연극 무대였다. 하나님의 진정한 관심이 무대 배우가 아닌 열방의 모든 종족에게 있는 것을 안 이스라엘은 질투를 하기 시작했다. 대표적인 인물은 요나였다. 이들은 결국 집단 파업을 일으키고 하나님의 연극 상연에 많은 지장을 초래했지만 하나님은 우정 어린 설득으로 수 백 년을 참고 기다리셨다.

하나님의 입장에서 "내가 이스라엘이란 배우를 통해 시키는 연극을 보라, 그리고 나에게로 돌아오라"고 하신 것이다. 쫓겨난 사람들은 쫓겨났다기보다 하나님의 구원을 가장 잘 볼 수 있는 장소인 무대 근처로 초대된 사람이다. 이들을 쫓아낸 것은 이스라엘만 잘 살게 하기 위한 것이 아니다. 하나님은 이스라엘을 통해 구원을 보이기 원하셨다. 그 중 기생 라합이 돌아온 것이다. 일곱 족속을 긍휼의 관점에서 보면 시각이 달라진다. 분명히 징계에는 의미가 있었다.

그럼 왜 진멸하라고 하셨을까? '진멸하라'는 표현보다 '쫓아내라'는 표현이 더 많이 있다. 나가지 않으면 진멸하라고 말씀하신 것이다. 구약의 하나님이 가끔 잔인하게 느껴진다. 이것은 땅의 모든 족속이 너로 인하여 복을 받는다는 것과 모순이 되는 것처럼 보인다. 그들의 죄의 삯은 사망이므로 우상 숭배로 진멸 당하는 것이 당연하다고 하면 할 말이 없다. 그 땅에 죄악이 관영하기까지 기다리셨다. 죄에 대한 심판이 그들을 죽이는 것이었다.

2-1) 조우encounter

영화 JSA공동경비구역에서 볼 수 있는 장면 중 하나는 북한군과 한국군의 만남이다. 군사적인 대치상황에서 급작스럽고 우연한 '만남'의 경우를 '조우encounter'라고 한다. 이스라엘과 가나안 족속들의 '조우'도 2가지로 살펴볼 수 있다.

우선 개인적인 조우Personal Encounter가 있다. 이스라엘과 족속들과의 만남이 그것이다. 다음으로 영적 실존의 조우Power(Spiritual) Encounter가 있다. 정복의 개념은 소홀히 할 수 없는 것이다. 우리는 이것을 기존에 일곱 족속을 정복한다는 개념으로 생각했다. 하나님의 백성이 들어가면서 그 땅을 정복한 사탄에 대하여 하나님이 이스라엘 백성과 함께 정복해야 했다. 영적 전쟁은 정복의 개념으로 한 치의 양보도 있을 수 없다.

그러나 우리는 두 가지를 하나로 봐서 진멸을 생각한다. '진멸'의 개념은 바알과 아세라에게 적용하는 것이 좋지 않겠는가? 우상문제가 나오면 하나님은 우상들을 찢고 부수라고 말씀하신다. 그 중에도 인간에 대해서는 사탄과 깊이 연관되었으면 죽일 것을 명하셨다. 이스라엘 백성은 배우답게 행해야 하는데 하나님의 의도를 잘 이해하지 못한 부분이 있었다. 거룩하게 하시기 위해서 하나님의 가시적 방법은 분리였다. 무대를 무대답게 하기 위해서 불사르고 쫓아내라, 나가지 않으면 죽여라! 말씀하신 것이다. 구약의 거룩함의 의미는 '구별'임을 강조하신 것이다. 이것은 하나님의 구원에 적용하는데 상당히 중요한 것이다. 택한 백성에게 구원의 도를 가르치기 위한 것이었다.

우리는 잘못하면 이스라엘 백성 중심이 될 수 있다. 화란개 혁주의자들은 흑인들은 함의 후손이기 때문에 저주받기에 마땅하다하여 식민주의 정책을 폈다. 숱한 흑인들의 피를 흘리면서 성경으로 합리화시켰다. 정복의 개념을 자기중심적으로 사용할 때 흑인들을 죽이게 된 것이다.

2-2) 경제학의 GAME 이론

이것을 경제학의 Game으로 더 자세히 설명해보겠다.

(1) zero sum game : $(+)+(-) = 0$

한 치의 양보가 없는 무역전쟁에서나 고스톱의 세계처럼 따는 자가 있으면 잃는 자가 있는 Game 이다. 영적 전쟁 Power(Spiritual) Encounter에도 zero sum game이 적용된다. 우리가 이기면 사탄이 지고, 사탄이 이기면 우리가 지는 것이다.

(2) non zero sum game

① $(+)+(+) > 0$: win win game

개인적 조우Personal encounter에서는 이 원리가 적용되어야 한다.

② $(-)+(-) < 0$: lose lose game

선교는 $(+)+(-)=0$ 와 $(+)+(+)>0$ 이므로 혼란스럽다. 선교를 생각할 때 zero sum만 생각해서 정복과 식민통치를 합리화시키는 것만 강조했었다. 그 당시 non zero sum game을 구분할 줄 알지 못했다. 기생 라합은 win win의 큰 상징이다. 성경에는 대표원리가 있다. 아담의 원죄처럼 라합의 구원은 이방족속의 구속을 대표한다. 또한 예수그리스도 한 분으로 땅의 모든 족속들이 구원을 얻었다. 기생 라합으로 대표되는 족속들은 하나님의 긍휼의 대상이다.

이스라엘은 zero sum만 강조하였다. 이것만 강조하면 자민족중심주의에 빠지게 된다. 한국도 미국도 zero sum으로 가고 있다. 선교를 너무나 단순화 시켰다. 각 교단 선교부나 선교단체가 세계를 정복한다는 전제 아래 전략들을 세운다. 하나님의 교회를 세우는데 대립이 불가피하게 된다. 절간을 사서 교회로 바꾸고, 이슬람이 빈 교회를 사서 모스크로 바꾸기도 한다. 이슬람의 전략은 zero sum이다.

구약의 하나님이 잔인하다는 생각이 풀리는 것 같다. 하나님이 영적전쟁의 중앙에 서 계시면서 전쟁수행을 위한 전략의 하나님이다. 하나님의 선교전략은 계속 반복되어서 나온다. 그 중 하나는 일부 땅을 책임지고 정복하게 하라! 는 것이다.

그러나 하나님의 공의만, 이스라엘의 축복만 강조하는 것은 문제가 있다. 하나님의 은혜와 사랑이 있다. 그 은혜는 이 땅에서 쫓아내서 구원을 보게 하시는 것이었다. 이스라엘을 통한 하나님의 구원은 구심적이었다. 시바여왕, 나아만 장군을 오게 하셨다. 나일강 문명, 메소포타미아 문명, 지중해 같이 가장 목이 좋은 곳에 하나님의 무대를 마련하셨다. 전략적 무대였다.

아브라함이 소명을 받고 나서 3885년 후에 한국에 복음이 전파되었다. 지금도 하나님은 우리 때문에 사역이 제한 받으실 수 있다. 하나님께서 능력이 없어서 제한 받는 것이 아니다. 하나님은 전지전능하시지만 하나님은 인간을 통해 일하시기 때문에 그렇다.

3) 새로운 이스라엘: 신약 교회

하나님의 새로운 결심은 무대 배우를 교체시키기로 하였고 새롭게 모집된 배우들은 오순절을 계기로 형성된 신약 교회였다. 이들의 주된 역할도 결국 열방 종족을 위한 구원 드라마 공연에는 변함이 없었다. 모든 종족에게 복음을 전해야겠다는 하나님의 집요한 의지를 우리는 성경에서 읽어야 한다. 오순절 사건은 이것을 우리에게 다시 한 번 극명히 보여준다. 선교는 가서 하는 것만이 아니다. 하나님이 열방을 모으시는 곳에서 또한 이루어진다.

오순절날 예루살렘에서 온 사람들의 성분을 보자(행2:5-11). 그들은 천하 각 국에서 온 유대인들과 유대교에 입교한 이방인들이었다. 오순절 사건은 하나님께서 자신의 메시지를 온 열방에 전하길 원하는 강력한 열망을 보여 주었다. 제자들은 히브리어나 아람어가 아닌 로마 제국 전역 각각의 방언으로 하나님을 찬양했다(맥크로스먼의 퍼스펙티브).

4. 성경에 나타난 종족 개념의 변천

1) 구약시대 종족 개념

이스라엘은 많은 종족 중 선택되어졌다는 의미에서 한 종족으로의 이스라엘을 '암am' 이란 단어로, 그 밖의 모든 열방/이방 민족을 '고임goim' 이란 단어를 구별하여 사용하고 있다. 한 종족을 통해 하나님의 복음이 전달되어 모든 종족으로 하나님께 영광을 돌려야 한다는 것이 구약의 흐름이다(창 12:1-3)

2) 신약

헬라어로 기록된 신약은 당시 사용되는 보편적인 단어인 '에쓰노스Ethnos' 로 종족 개념을 표시하고 있다. 그런데 이 단어는 문맥에 따라 족속(마28:19), 민족(마24:14) 등으로 번역되어 있다. 요한 계시록 5:9, 7:9에선 모든 족속, 방언, 민족 및 나라 등의 다양한 표현으로 그 의미를 전달하고 있다. 예수님이 제자들에게 위임 명령(마28:19-20)을 하실 때 너희는 모든 족속(종족)으로 가라고 했음에도 지난 2000여 년 간 많은 제자들은 정치적인 나라(국가)들에 갔음이 지적되고 있다.

루이쉬 부쉬는 1990년대 초 데이빗 바렛의 선교 통계를 활용, 서구 선교사들의 활동 지역을 분석한 결과 다음과 같은 충격적 사실을 지적했다. 즉 전체 서구 선교사의 92%가 교회가 있는 종족(전도된 종족)내에서 일하고 있고 오직 8%만이 미전도종족에서 일하고 있다는 것이다. 그래서 그는 선교사 재배치를 그 대안으로 들고 나왔다. 서구 선교사들에게 왜 이런 실상이 있게 되었을까? 아마도 지상대명령 마태복음 28:19-20을 읽을 때 예수께서 모든 족속Ethne에게 가서 제자를 삼으라 했는데 이에 대한 영어 번역은 nations나라들로 되어 있어 이에 대한 해석적 혼란이 한 몫을 하였다고 볼 수 있다. 그런 점에서 Ethne의 한국역인 족속族屬은 더 원문에 가까운 번역이었다. 그러나 한국인들에게도 족속에 대한 관심은 별로 없고 주로 제자 삼으라는 동사에 초점을 맞추어짐이 없지 않았다.

물론 여기에서 말하는 Ethne가 오늘날 말하는 언어 사회학적인 종족 집단 그대로를 의미하느냐는 별개의 문제일 수 있다. 그러나 마태복음 28:19-20에서 예수께서 언급한 모든 족속 개념은, '족속'이라는 구체적 집단의 개념을 직시하고 있다는 점과 '모든'이라는 수식어가 한 부족도 소외되지 않고 전파되어야 하는 복음의 보편성을 강조한다는 점에서는 일점의 의혹이 없다. 따라서 그들 스스로 서로간의 하나의 공통적인 친밀감을 갖고 있음을 인식하는 개인들의 집단People Group은 그들의 언어(난 곳 방언)와 문화의 상황 속에서 복음을 들어야 할 필요가 있다는 것을 강조하고 있는 것이다.

자, 그렇다면 누구에게서 그 복음을 전해들을 수 있을까? 누군가 가야한다. 그들의 난 곳 방언을 배우고, 성경을 번역하고, 그들의 말로 복음이 전파되어야 하며, 그런 공동체가 상시적으로 운영되는 가시적 교회가 세워져야 한다.

이런 교회가 그 집단 내에서 영향력을 발휘하여 복음을 전한다면 가장 효과적인 상황화 및 토착화된 교회를 세울 수 있을 것이다. 이런 사람들이 결국엔 각 족속과 방언에서 그리고 각 나라에서 나와 어린 양 보좌 앞에 설(요한이 본 계시) 것이다. 그들의 방언으로 하나님과 그 아들 예수를 찬양하는 모습을 볼 수 있어야 마태복음 28:19-20절의 해석은 바른 해석이 될 수 있다.

또한 이 모든 Ethne에게 전파되는 복음은 전파의 절정이라고 할 수 있는 종말의 끝 시점과 연관을 이루고 있다. 예수께서 제자들에게 종말에 일어날 일들을 예언하시면서 이 천국 복음이 모든 민족Ethne에 전파된 후에야 끝이 온다고 말씀하셨다(마24:14).

따라서 종말의 한 순간을 살고 있는 우리들은 종말의 마지막인 주 앞에 서기 전에 모든 민족마다 종족 집단에게 복음을 전해야한다. 이것은 한 사람이라도 더 구원에 이르기를 바라는 하나님의 인내와 우리의 순종으로 이뤄질 것이다.

5. 종족선교의 시작

랄프 윈터 박사가 1972년에 'EMQ지Evangelical Missions Quar-
terly'에서 '도표로 본 남은 과제'라는 글을 게재하여 종족 개
념의 중요성을 강조하고 종족무지People Blindness에 대해 발표
한다. 이 논문은 1974년 로잔대회의 개회식 시청각 강의에
쓰였는데, 이로서 종족선교가 구미에서 본격적으로 거론되
기 시작하였다. 선교계가 '종족'이라는 보다 구체화된 대상
으로 전환되기 시작한 것은 1974년, 로잔대회라고 볼 수 있
다. 랄프 윈터는 당시까지 국가상대로 선교하던 것을 국가 내
다양한 종족에게 선교해야 할 것을 주장하였다. 이어서 1980
년에 열린 에딘버러 대회는 "2000년까지 모든 종족에게 교
회를"이란 구호를 내걸었고, 이것이 종족 접근 선교에 불을
당겼다.

이러한 선교의 흐름을 읽고 있던 몇몇 선교계의 신진 그룹
들이 90년대 후반의 선교의 흐름이 종족선교를 움직이고 있
음을 느끼기 시작하고, 주요 선교 잡지에 미전도종족선교를
소개하기 시작하였다. 그리고 한국교회가 갖고 있는 선교 저
력을 미전도종족선교로 바꾸기 위해 본격적인 연합운동체

의 설립을 추진하게 된다. 그 결과 1993년 한국세계선교협의회의 산하기관으로 한국미전도종족입양운동본부를 출범시켰다. 이로서 한국에서 본격적인 종족선교의 장이 열리게 되었다.

6. 왜 많은 미전도 종족에 더 관심을 가져야 하는가?

1) 선교 자원 사용의 편중

오늘날 미복음화 지역의 인구는 약 13억으로, 2,000개 종족, 1,000개 대도시, 30개 국가에 흩어져 살고 있으며, 복음화 되었다고는 하나 교회가 강하지 못한 지역의 인구는 21억을 상회한다. 여기에는 4,000개의 종족이 800개 대도시, 그리고 70개 국가에 흩어져 있다고 로빈 톰슨은 지적하고 있다. 데이빗 바렛은 다음과 같이 선교 자원의 편중을 꼬집고 있다.

"전 세계 그리스도인의 총 수입의 99.9%가 자신들을 위해, 0.09%가 복음화 되었으나 비기독교적인 지역을 위해, 0.01%만이 미복음화 된 지역을 위해 사용되고 있다."

여기에 선교사들의 분포를 보면 불평등은 조금도 개선된 기미가 없다. 세계 기독교 선교사의 약 92%는 자생적인 교회가 활발한 전도된 지역에서 일하고 있고, 오직 8%의 선교사만이 미전도종족을 위해 일한다는 것은 오늘날 기독교 선교의 사각 지대를 보여주고 있다고 현대 선교 학자들은 지적한다.

2) 미전도 지역 또는 종족으로 선교사가 가야 한다.

미전도종족은 외부의 도움이 없이는 기독교 선교가 효과적으로 일어날 수 없는 집단이므로 선교 사역에 있어 늘 최우선 순위로 인식되어야 한다(롬10:14). 물론 복음에 더 수용적인 곳으로 선교사를 보내자는 추수 선교 신학 이론도 일리는 있으나, 이로 인하여 복음 전파의 편중은 갈수록 심화되어 이제는 대대적 수술을 하지 않고는 안 되게 된 것이 현대 선교의 과제이다.

복음은 유대인에게나 헬라인에게나 차별이 있을 수 없다고 외쳤던 사도 바울은 자신의 종족인 유대인 복음화를 위해서라면 자신이 저주를 받아 그리스도에게서 끊어질지라도 원하는 바라고 하였으나 로마에 여러 번 가기를 구하였다. 번번이 그곳에 가는 것이 막혔어도(롬15:22) 로마를 통하여 당시 땅 끝인 서바나까지 가고자 했다. 무엇이 그로 하여금 미개척된 곳으로 향하게 했을까? 그는 현재 일하는 곳은 일할 것이 없다고 고백하였다(롬15:23). 정말 일할 것이 없어서였을까? 아니다. 상대적으로 복음이 소외된 곳으로 가기를 원하였기 때문이다. 그런 정책이 그로 하여금 예루살렘에서 일루리곤까지 복음을 편만하게 전하게 하였다(롬15:19). 무엇보다도 그에게는 복음 전파에 대한 기준이 명확하였다. 그것은 20절에 언급된 "또 내가 그리스도의 이름을 부르는 곳에는 복음을 전하지 않기로 힘썼노니 이는 남의 터 위에 건축하지 아니하려 함이라."고 하는 그의 선교 철학이었다.

그래서 그는 구약 선지자의 예언인 "주의 소식을 받지 못한 자들이 볼 것이요. 듣지 못한 자들이 깨달으리라(롬15:21)"를 실현하고자 했을 것이다. 바로 21세기가 원하는 선교의 철학이 이곳에 나타나 있지 않겠는가? 복음에서 소외된 미전도종족들에게 주의 소식을 보게 하고 듣게 하자. 이것이 오늘을 사는 우리들의 사명이 아닐까?

3) 미전도종족(민족)의 이동과 새로운 선교의 기회

세계 난민이 문제가 되고 있다. 베트남을 탈출한 보트 피플은 여러 나라에 산재되어 국제 고아가 되었다. 아프리카에서 보스니아에서 소위 정치, 족속 간에 알력으로 인하여 족속과 족속이 전쟁을 일으키고 있다. 이들은 또한 새로운 도피처를 향해 떠나고 있다. 우리나라에도 약 10만 명가량의 필리핀, 네팔, 방글라데시 및 버마인들이 합법, 혹은 불법으로 노동 산업에 종사하고 있다.

홍콩은 중국의 도시화 현상과 종족의 이동을 한 눈에 볼 수 있는 모델 하우스 역할을 한다. 홍콩은 광동 사람들의 도시였으나 지금은 전 중국 종족의 집산지라고 볼 수 있을 정도로 중국 종족들의 전시장 역할을 하고 있다.

미국은 세계 모든 족속(민족)의 전시장이라고 해도 과언이 아니다. 이들이 미국으로 건너간 이유는 다양하다. 현재 미국에는 한인교회가 3,000개가량 있다. 예를 들어 보면, 어느 한인 사회 속에서는 전 한인의 70% 정도가 교인이거나 교회에 적을 두고 있다. 이민자, 유학생, 사업가, 그리고 불법 체류자들이 겪는 애환은 이루 말할 수 없다. 이들이 미국 내 새로운 종족으로서 예수의 복음으로 그 아노미 현상을 극복해 가는 것은 아주 흥미로운 사실이다. 모든 선진국마다 이러한 소수민족들이 모여 사는데 그들이 있는 그곳은 새로운 선교지요, 그들에게 복음을 전하는 것은 새로운 선교적 접근이 되는 것이다. 선교지의 전후방 개념이 갈수록 약해지고 전 지역이 전투화 되어 가고 있다. 선교를 막연히 멀리 간다는 것으로만 생각한다면 그것은 구시대적 발상이라 할 수 있다. 하나님은 미전도종족을 복음화 된 도시 속에 모으시기도 한다. 그들이 와서 복음을 듣게 하시는 것이다.

이상의 설명으로 미전도종족이 산지 및 정글에만 있는 것이 아니라 대도시에 모자이크처럼 이주해 살고 있다는 것을 알았다. 또한 정치적 국경을 초월하여 이동하고 있다. 이들을 추적하여 리서치 함으로 우리는 그들에게 보다 효율적으로 접근할 수 있다. '미전도종족'을 찾아서 간절한 마음으로 나서야 한다. 그 길이 3천리, 3만 리가 되더라도……

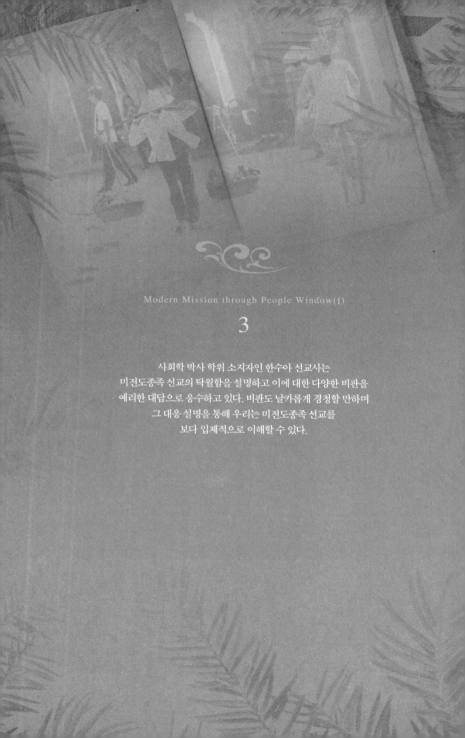

Modern Mission through People Window(1)

3

사회학 박사 학위 소지자인 한수아 선교사는
미전도종족 선교의 탁월함을 설명하고 이에 대한 다양한 비판을
예리한 대답으로 응수하고 있다. 비판도 날카롭게 경청할 만하며
그 대응 설명을 통해 우리는 미전도종족 선교를
보다 입체적으로 이해할 수 있다.

3
미전도종족 선교에 대한
비판적 견해들

| 한수아

1. 서론

1974년 로잔대회에 랄프 윈터가 "The Highest Priority: Cross-Cultural Evangelism"[1] 이라는 글을 발표한 이래 미전도종족 단위 선교개념[2] 이 선교계에 소개되면서 세계선교는 전략적인 차원에서 새로운 국면에 접어들었다. 이른바 국가단위의 선교초점에서 종족단위의 선교초점으로의 변화이다. 그 후로 전 세계 종족에 대한 연구가 활발하게 진행되었고 종족단위의 선교사 파송, 교회개척 및 협력모델이 도입되었다.

한국교회도 1993년 한국 미전도종족입양운동본부KAAP의 설

---

1) Ralph Winter, "The Highest Priority: Cross-Cultural Evangelism," in J. D. Douglas ed. Let the Earth Hear His Voice, Minneapolis: World Wide Publication, 1975. p213.
2) 이 개념의 형성과정에 대해서는 Ralph Winter, "Unreached Peoples: The Development of the Concept" in Harvie M. Conn ed. Reaching the Unreached Peoples P&R, 1984. pp.17-43 를 참조할 것.

립과 함께 미전도종족 선교에 본격적으로 참여하기 시작하였다. 필자는 1995년부터 각 교회나 선교단체가 종족 단위로 선교 정탐 팀을 보내도록 홍보하고 훈련하는 KAAP산하 선교정탐훈련원 총무를 맡은 이래로 한국교회의 미전도종족 선교운동에 참여해 왔다. 뿐만 아니라 종족단위 선교개념은 필자의 선교 패러다임을 변화시켰으며 국가를 대상으로 선교하려고 했던 생각을 버리고 한 종족을 택해서 선교하도록 만들었다. 물론 이것은 필자만의 이야기는 아니다. 현재 필자가 소속된 MVP선교회 선교사 모두는 국가가 아닌 종족단위로 파송 받아 사역하고 있다. 선교사들은 모두 미전도종족 패러다임으로 무장하고 있으며 종족단위 교회개척운동이라는 동일한 사역목표와 사역전략 역시 공유하고 있다. 실로 미전도종족 개념은 개인과 단체, 한국교회를 망라해서 선교에 광범위한 영향을 미치고 있다.

그런데 NCOWE IV 1차 Pre-Consultation에서 발표된 리서치 결과에 따르면 10년간 미전도종족 선교개념은 비교적 많이 보급되었지만 종족 선교로의 실제적인 전환은 상대적으로 부족한 것으로 조사되었다.[3] 즉 미전도종족 선교 개념에 대해서 들어보고 이해하는 수준은 높아졌지만 그것을 자신의 선교 패러

---

3) KWMA, NCOWE IV 1차 Pre-Consultation 자료집 2005. 6월 참조.

다임으로 삼고 선교하는 것은 그것에 못 미치고 있다는 것이다.

   미전도종족 선교개념이 많은 선교자들에게 환영받고 이제 선교를 이해하는 주도적인 패러다임이 되었지만 그 동안 그 선교개념에 대한 많은 오해와 비판들이 있어 왔다. 부분적으로 이 비판들은 선교사나 선교단체들이 미전도종족 선교로 선교 패러다임을 전환하는 것을 더디게 만드는 한 가지 요인이기도 하다. 우리가 미전도종족 선교 개념과 실행사이의 괴리를 줄이려면 이러한 오해나 비판들에 대해 적절하게 대답할 수 있어야 한다. 이 글은 미전도종족 선교개념의 중요성을 정리하고 미전도종족 선교개념에 대해서 자주 등장하고 있는 비판과 이에 대한 응답을 제기하고자 한다.

2. 미전도종족 선교의 개념의 중요성[4]

   미전도종족 선교개념은 그것을 듣는 사람들에게 선교에 대한 새로운 관점과 전략을 생각하게 해 주었다. 현대선교에서 미전도종족 선교개념은 어떤 기여를 하였는가?

---

[4]이 부분에 대한 정리는 International Journal of Frontier Mission(IJFM)의 2001년 여름호에서 가을호까지 수록된 연재논문, Alan Johnson "Analyzing the Frontier Mission Movement and Unreached People Group Thinking"의 Part IV, "The Core Contribution of Frontier Mission Missiology," in IJFM 18:3 Fall 2001, pp.129–131을 참조하였음.

첫째, 타문화전도(선교)의 중요성

선교란 문화를 뛰어넘는 것이라는 점을 분명히 하였다는 점에서 미전도종족 선교개념은 중요하다. 즉 타국가로 가는 것이 아니라 타문화로 가서 복음을 전하는 것이 선교라는 것이다. 이 점에 기여한 것이 랄프 윈터 박사의 'E-scale' 이다. 복음전도자와 복음을 듣는 자의 거리를 나타내는 E-Scale 개념을 통해서 랄프 윈터는 같은 문화권내의 전도(E-1)로는 복음을 듣지 못하는 수많은 사람들이 있음을 밝힘으로써 문화를 뛰어넘는 타문화전도의 중요성을 강조하였다. 동시에 선교란 문화를 뛰어넘는 사역이며 이는 단순히 다른 나라에서 하는 사역으로 정의할 수 없음을 지적한 것이다. 예를 들어, 한국 선교 초기에 타국에 가서 한인 목회를 하러 가는 사역자들을 선교사로 파송하였는데 E-Scale 개념은 이를 자문화권내의 전도로(E-1) 분류하게 만들었다.

미전도종족 선교를 이해하는데 있어서 "E-Scale"과 함께 "P-Scale"은 매우 중요한 개념이다. "P-scale"은 종족과 교회 사이의 문화적 거리를 나타내는 도구로서 이를 통해서는 타문화전도의 목표가 무엇인지를 분명히 하고 있다. P-2와 P-3와 같이 교회개척운동에서 벗어나 있는 종족을 랄프 윈터는 "숨겨진 사람들Hidden People"이라고 불렀다. 이것이 바로 미전도종족unreached의 개념이다. 여기서 우리는 선교란 단순히 타문화전도를 하는 것이 아니라 P-2, P-3 사역을 하는 것, 즉 교회개척운동이 없는 종족 내에 교회개척운동을 일으키는 것이라는 점을 알게 된다. 미전도종족 선교의 개념은 이처럼 선교가 무엇이며 선교의 목표가 무엇인지에 대해 분명한 방향을 제시해 주었다.

둘째, 선교자원의 불균형에 대한 강조

미전도종족 선교는 자연스럽게 선교자원의 불균형 배치라는 현실을 선명하게 드러내주었다. 단순히 타문화사역이 아니라 미전도종족 관점에서 사역자의 배치를 볼 수 있게 되었기 때문이다. 전 세계 모든 나라에 선교사들이 있음에도 불구하고 세계의 주요 종족들에게 복음이 전해지지 않고 있다는 점이 드러났다. 그 이유는 무엇보다 미전도종족들을 위해 일하는 선교사가 적거나 없기 때문이다. 타 문화권에서 사역하는 대부분의 선교사들이 기독교권이라고 분류된 사람들을 위해 사역하거나 비기독교권 사역자들의 상당수도 전도된 종족을 대상으로 사역하고 있다는 것이다. 심지어 랄프 윈터는 2002년도 IJFM에 발표한 논문에서 미전도종족 가운데서 사역하는 선교사가 전체의 2.4%에 불과하다는 충격적인 보고를 하였다.[5] 하나님께서 세상으로 사랑하시고 어느 누구도 멸망치 않기를 바라신다고 믿고, 또한 모든 민족 가운데서 주님을 찬양하는 사람들이

---

5) Ralph D. Winter and Bruce A. Koch, Finishing the Task: The Unreached Proples Challenge, in IJFN 19:4 Winter, 2002. p.22.

나올 것을 믿는다면 이 현실에 대해서 우리는 어떤 생각을 해야 하는가? 미전도종족 선교개념은 자칫 타 문화권에 선교사를 보내는 것으로 만족할 수 있는 우리들에게 선교자원의 불균형 배치를 드러내 줌으로써 선교사를 보내는 가장 의미심장한 교회의 사역이 때로는 주님께 불순종하는 일이 될 수 있다는 점을 자각하게 해 준 것이다.

셋째, 잃어버린 자들에 대한 열정

미전도종족 선교 개념은 복음을 듣지 못한 자들에게 분명한 선교초점을 둠으로써 아직 복음이 전해지지 않은 잃어버린 자에 대한 열정을 불러일으켰다. 이미 복음이 전해진 사람들보다는 아직 복음을 듣지 못한 자들에게 복음이 전파되어야 한다는 것이다. 이것은 수많은 전략적 활동에 참여하면서 선교사와 선교단체들이 세계복음화라는 비전과 초점을 잃고 있는 현실을 교정해 주는데 기여했다. 선교단체들은 보통 그 구성원들의 바람에 민감하게 되어 있다. 단체가 커지게 되면서 점점 선교에 대한 넓은 정의에 기초한 다양한 배경과 요구를 지닌 인원과 프로젝트가 들어오게 되고 선교단체는 이러한 요구에 따라 선교의 범위를 넓혀 나가고 있다. 목표를 분명히 하지 않으면 랄프 윈터의 지적처럼 외국에서 현지 교인들의 전도하는 일(E-1)을 돕는 타문화 전도단체(선교단체)가 늘어나게 될 것이다.[6] 선교단체는 선교라는 이름으로 때로는 서로 모순되는 다양한 프로젝트에 참여하기도 한다. 그러나 미전도종족 선교는 "복음을 듣지 못한 자들에게 복음을 전하는 것"이라는 단순하고도 명확한 성경적 진리(롬15:20-21)를 강조하고 있다. 미전도종족 개념은 수많은 선교 헌신자들의 마음을 뜨겁게 하여 복음을 전혀 듣지 못한 미전도종족에 자신의 삶을 헌신하게 만들고 있고 선교단체와 교회의 선교초점을 잃어버린 자들에게 향하도록 만들어 주었다.

넷째, 남은 과업의 측정, 리서치의 강조

미전도종족 개념은 선교의 마감을 가능한 것으로 생각하도록 하는데 도움을 주었다. '가서 모든 족속을 제자 삼으라'는 주님께서 주신 지상사명이 실현 가능한 것이며 선교적 종말과 함께 주님의 재림을 기대하게 해주는 데 기여하였다. 랄프 윈터는 미전도종족 선교를 설명하면서 '남은 과업'이라는 용어를 선호했다. 이것은 두 가지 의미가 있는데 첫째로는 앞으로 달성해야 할 세계복음화의 과제가 이루지 못할 만큼 엄청난 것이 아니라 이제 얼마간 남은 일이 되었다는 점을 강조한다. 이는 둘째로 남은 과업이 얼마나 되는지에 대해서 늘 관심을 두

---

6) 랄프 윈터는 어떤 선교단체가 개척사역에 드러지지 않고 이미 전도된 종족을 돕는 사역에 만족한다면 그것은 이미 'mission agency'가 되지 못하며 'foreign evangelism agency'로 불러야 한다고 말했다. (Ralph D. Winter, "From Mission to Evangelism to Mission" in IJFM 19:4 Spring, 2002. p.7

게 하는 선교리서치를 강화하도록 하였다.

　선교를 마감할 수 있다는 생각은 미전도종족 선교라는 개념
이 아니면 생각하기 어려운 것이다. 왜냐하면 지구상의 모든 개
인에게 복음을 전하는 것을 목표로 한다면 우리는 그 과제가 달
성하기 어려운 것이라는 것을 쉽게 짐작할 수 있다. 매일 수많
은 사람들이 새로 태어나고 있으며 기독교권이라고 하는 서구
사회에서 많은 사람들이 신앙을 잃어가고 있다. 1900년에 34%
였던 전 세계 인구 대비 기독교인구 비율은 2000년에는 33%
로 오히려 줄어든 것으로 나타났다.[7] 데이빗 바렛과 토드 존슨
에 의하면 2030년이 되더라도 34%로 약간 늘어날 뿐 여전히
기독교인구의 비율은 전 세계 인구의 1/3수준에 그칠 것이라고
전망하고 있다.[8] 언어학자들은 세계화과정에서 소수종족의 언
어가 사라지고 결과적으로 (인종언어학적) 종족의 숫자자체가
줄어들 것이라고 보고 있다. 미전도종족의 숫자는 급속하게 줄
어들고 있는 것으로 보고 있다. 개인이 아니라 종족선교의 관
점은 우리로 하여금 세계 선교의 끝을 기대할 수 있게 해준다.

---

7) Michael Jaffarian "The Demographic of World Religions Entering the Twenty-first Century," in Jonathan J. Bank ed. Between Past and Future Evangelical Mission Entering the Twenty first Century EMs Series10 Pasadena:William Carey Library. 2003. p.258-262.

8) David Barrett & Todd Johnson, World Evangelization Prospect, 2004.

다섯째, 모든 선교사의 전략적 역할

미전도종족 선교개념은 또한 선교사들의 실제적인 역할이 무엇인지를 분명히 해 주었다. 선교사는 미전도종족 가운데 교회개척운동을 일으키는 것을 목표로 한다. 선교사의 진정한 목표는 종족 내 불신자들에게 일일이 다 복음을 전하는 것이 아니고(전도자), 교회를 개척해서 계속 한 교회를 목회해 나가면서 교회를 성장시켜 나가는 것도 아니며(목회자 및 교회 개척가) 현지인들로 하여금 모든 종족 구성원에서 복음을 전할 수 있는 교회를 개척하도록 돕는데 있다는 것이다(교회개척운동가). 요즘 많이 논의되고 있는 CPM이나 내부자운동은 [9] 이런 선교사의 역할과 연관되는 전략개념들이다. 이는 선교지에서 선교사의 역할변화를 설명하는 4P의 개념과 연결되는데 선교사는 나중에 철수할 것을 염두에 두면서 개척자-부모-협력자-참여자라는 선교지에서의 생애주기를 보내야 한다는 것이다.

선교사들이 이러한 전략적 역할을 인식하는 것은 매우 중요하다. 실제로 1991년 복음주의 선교회에서 랄프 윈터는 미전도종족을 선교하는데 있어서 가장 중요한 전략적인 것은 기존 선교사를 대규모로 재배치하거나 신규 선교사를 대규모로 보내

---

9) 교회개척운동(CPM)이나 내부자운동(insider movement)에 대해서는 IJFM. 21:4 Winter, 2004 pp.151-165를 참조할 것

는 것이라기보다는 기존 선교사들로 하여금 종족중심 사고라는 새로운 선교관점을 지니게 하는 것이라고 하였다. 미전도종족 혹은 개척선교지로 갈지라도 선교사가 자신의 역할을 올바로 인식하지 않는다면 종족 복음화를 더디게 할 수 있다. 미전도종족이라는 개념을 잘 이해하는 선교사는 결과적으로 선교지에서 자신의 전략적인 역할을 감당하게 된다.

여섯째, 하나님 중심의 선교동기

복음주의 선교학자 헤셀 그레이브는 교회를 도전하는 선교동기들에 다음과 같은 것이 있다고 말한다. 첫째, 성경에 나오는 명령에 대한 순종, 둘째, 사람들의 절망적인 필요에 대한 반응, 셋째, 흥미진진하고 승리하는 사역에의 참여가 그것이다. 그러나 그 역시 이것보다 더 기본적이고 위의 동기에 의미와 긴급성을 부여하는 동기는 하나님의 우월성과 영광이 되어야 한다고 지적하였다.[10] 예를 들어 잃어버린 자에 대한 동정은 선교사역을 위한 고귀하고 아름다운 동기이다. 하지만 그 동정심이 하나님의 영광을 향한 열정과 분리되어서는 안 된다.

하나님의 우월성과 영광은 바로 하나님 중심적 선교동기라고 할 수 있을 것이다.

---

10) David Hesselgrave, "Challenge the Church to World Mission," in IJFM Vol.13:1 Jan—Mar, 1996, pp.27-31.

보쉬는 다음과 같이 말했다. "계몽주의는 하나님이 아닌 인간을 그 중심에 놓는다. 심지어 기독교진영에서도 인간의 필요와 열망들은 비록 그것들이 처음에는 순수하게 종교적인 용어로 표현되었다 할지라도 하나님의 영광보다 우월성을 지니기 시작했다. 그러므로 18세기 후반과 19세기 초에 그 강조는 그리스도의 사랑으로 변했다. 그러나 나중에 그 강조는 멸망하는 이방인들의 구원에 주어졌고, 그리고 20세기 초에는 사회복음에 주어졌다. 그러나 선교의 동기로서 하나님의 영광의 표현은 결코 완전하게 사라지지 않았다"[11]

미전도종족 선교는 바로 하나님의 영광이라는 하나님 중심의 선교 동기를 불러일으키는데 기여하고 있다. 존 파이퍼는 주님께 나아오는 이러한 종족의 다양성이 하나님을 영화롭게 한다고 본다(시96:3-4. 롬15:11참조). 그 이유는 첫째 찬양의 힘과 아름다움은 일치보다 다양성에서 나오는 일치 속에서 더 크기 때문이다. 둘째는 다양성 속에서의 찬양은 모든 리더보다도 하나님이 더 위대한 분임을 드러나게 한다. 리더가 오직 작고 획일화된 집단만을 이끄는 것이라면 그 위대성이 떨어지게 된다. 그렇다면 미전도종족 선교는 바로 열방의 민족들 가운데서 하나님께서 최고의 찬양을 받으시도록 하기 위한 것이다.[12]

---

11) 데비빗 보쉬, 장훈태·김병길역 변화하는 선교, CLC, 2000. p.437.

3. 미전도종족 선교개념에 대한 비판들

1) 미전도종족 선교의 우선성에 대한 비판

첫 번째 그리고 가장 보편적인 반론은 미전도종족 선교개념이 '선교' 사역에 대한 우선순위를 분명히 하고 있기 때문에 생겨난 것이다. 랄프 윈터 박사는 선교의 심각한 불균형을 말하면서 미전도종족 선교의 우선성을 강조하였으며 필자가 보기에 그는 내심 선교는 바로 미전도종족 사역이라고 말하고 싶은 것 같다. 이에 대한 비판의 골자는 '과연 선교에 우선순위를 정하는 것은 정당한가? 그것이 동일하게 중요한 다른 사역들을 무시하는 것이 아닌가?' 하는 것이다.

비판자들은 미전도종족 선교개념이 소위 전도된 종족이나 지역을 섬기는 선교사들과 사역단체들을 제한된 선교자원을 낭비하는 형편없는 자들로 취급하거나 아니면 최소한 이류 사역을 하는 사람들로 전락시키고 있다고 지적한다. 그들이 보기에 전도된 종족 내에서도 교회가 거의 없는 곳에 많은 전도되지 않은 사람들이 남아있는데도 전도된 종족이라고 분류되면 이곳에서 사역하는 선교사나 단체는 중요하지 않게 취급되는

---

12) John Piper, "The Supremacy of God Among All the Nations", in IJFM, Vol.13:1 Jan-Mar, 1996. pp23-24.

것이 문제가 있다는 것이다.

이러한 비판에 대해서 필자는 전도됨과^{reachedness} 복음화^{evange-}
lization 개념13)의 차이에 의해서 생긴 오해라고 생각한다. 앞서 살
펴보았듯이 전도된 상태란 한 종족 내에 자생적 교회가 있는
상태를 말한다. 오해는 미전도종족 선교개념이 전도된 상태를
선교의 완결로 보고 있다고 믿는데 기인하는 것 같다. 즉 어느
정도 신자의 숫자가 차면 더 이상의 사역은 필요 없다고 본다
는 것이다. 그럴 경우 이미 전도된 종족에 남아 있는 선교사는
불필요한 사역을 하는 것이 된다.

그러나 필자는 미전도종족 선교개념이 그렇게 말하고 있다
고 보지 않는다. 일단 전도된 종족은 이제 복음화 되어야 한다
고 성경이 가르치고 있다. 예를 들어 바울은 에베소 사람들 가
운데 교회를 세우고 난 다음에도 디모데를 그곳에 남겨두고
'전도인의 일(복음화)'을 하라고 하였다(딤후4:6). 학자들은 이
것을 근거로 선교에는 바울형 사역(전도됨)과 디모데형 사역으
로 구분하기도 한다. 랄프 윈터는 이것을 개척선교^{Frontier Mission}

---

13) 여기서 말하는 전도의 개념은 복음전파와는 다른 개념임을 이해할 필요가 있다. 영
어 'reached'를 전도로 번역했기 때문에 생겨난 것이다. 그러나 전도의 개념은 선교에서
사용되는 특수한 개념임을 이해해야 한다. 필자는 전도됨은 자생적 교회의 설립으로 복
음화는 종족내 모든 사람에게 복음이 전파된 상태를 의미한다고 정의하였다.

와 일반적인 선교General mission로 구분하였다. 이처럼 미전도종족 선교개념은 복음화 = 디모데형 사역 = 일반적 선교를 무시하지 않는다. 그 사역이 중요하지 않다고 말하는 것이 아니다. 어떤 사람의 말처럼 잃어버린 종족들에 대해서만 관심을 가지고 잃어버린 사람들에 대해서 관심을 가지지 않는 것도 아니다. 미전도종족 선교개념은 둘 다에 관심을 가지고 있다.

이와 연관된 비판은 소위 10/40창 개념에 대해서 나타난다. 이 개념은 우선순위 지역을 지정하는 것이고 이것에서 벗어나는 다른 지역 예컨대, 유럽이나 남미에서 사역하는 선교사들은 불만을 지니게 된다. 그러나 선교의 지역별 우선순위를 나누는 것은 미전도종족 개념의 효과가 아니라는 점을 분명히 해야겠다. 이것은 오히려 루이스 부쉬가 주창한 10/40창 개념이 불러일으킨 논쟁이다. 랄프 윈터는 어디서 사역을 하든지 문제는 한 종족 내에 교회개척운동을 일으키는 것이 중요하다는 입장이다. 그곳이 바로 개척지역이다.

한편 전도/미전도의 구분에 대한 지나친 강조는 복음에 반응적인 사람들을 무시할 수 있다는 비판도 있다. 성령의 흐름에 따라서 선교해야지 인간이 만들어낸 구분에 따라서 선교해서는 안 된다는 것이다. 우리는 미전도종족에 나아가는 계획과 전략을 수립해야 하지만 동시에 성령의 주권적인 인도가 우리를 추수 가운데 위치시킬 수 있다는 것을 잊어서는 안 된다고 비판자들은 말한다.

바울은 이미 교회가 세워진 곳에서 복음을 전하며 교회를 굳건히 세우는 일에 대해서 그 중요성을 무시하지 않았다. 바울 서신 대부분이 개척된 교회를 견고하게 세우고자 하는 목적으로 기록된 것이 이를 증명한다. 그러나 선교사 바울 자신은 그 일을 하지 않았으며 교회를 돕기 위해서 남겨둔 디도나 디모데와 같은 선교사들도 일정기간이 지나면 자신의 선교팀에 합류하도록 한 것 같다. 선교지에 세워진 교회에서 선교사들이 계속 머물기를 원치 않았고 그 일은 현지 지도자들(장로들)이 감당하기를 원했던 것이 분명하다.

마찬가지로 미전도종족 선교개념(전도됨)은 교회가 있는 곳에서 복음화나 제자화의 사역이 결코 덜 중요한 사역이라고 보는 것이 아니다. 다만 복음화는 현지교인들에 의해서 진행되어야 하며 선교사에 의한 제자화 사역도 한시적이거나 제한적으로 본다는 면에서 바울의 전통을 따르고 있다고 확신한다.

미전도종족 선교개념은 사역의 중요성에 대한 우선순위를 주장하는 것이 아니라 선교사 배치의 우선순위를 강조하는 것이다. 그러므로 만약 소위 전도된 종족내에서 선교사가 꼭 필요한 사역을 하고 있다면 그곳에 있는 것이 미전도종족 내 사역하는 선교사보다 덜 중요한 일을 하는 것이 아니다. 미전도종족 선교운동가들은 이런 분들이 자부심을 갖도록 격려해야 할 것이다. 그러나 복음화 사역을 하는 선교사들도 현지인이 할 수 있는 일을 자신이 하고 있지 않은지 그리고 자신의 존재가 현지 지도력의 성장을 늦추고 있지 않은지 반성해야 할 것이다.

2) 미전도종족 선교가 선교의 지리적 측면을 무시한다는 비판

앞서 언급했듯이 미전도종족 선교개념의 중요성은 선교지를 지리적인 관점으로 보는 것을 극복한 것이었다. 그것은 미국 영국 등 기독교권내에서도 E-2, E-3 혹은 P-2, P-3사역이 가능하다는 것을 드러냈다. 그러나 바로 이점이 비판의 대상이 되고 있다. 선교는 결국 어떤 지역에서 하는 것인데 미전도종족 선교가 지리적인 관점을 무시하는 너무 추상적인 개념이 아니냐는 것이다.

그러나 미전도종족가 선교 지리적 영역에서 이루어지는 '사역'을 무시하는 것이 아니라 지리적 영역을 선교의 '단위'로 보는 것을 극복한 것이라는 점을 이해해야 한다. 종족 분류에 있어서 다른 국가의 동일종족에 대해서 선교전략적인 측면에서 별도의 종족으로 분류하는 것은 미전도종족 선교의 지리적

(국가적) 차원을 이해하고 있기 때문이다.

실제적인 종족 사역을 위해서는 문화, 언어뿐만 아니라 지리적인 영역과 연관된 선교 전략적 접근이 필요하다. 예를 들어서 중국의 미전도종족을 지리적 영역(성별)으로 나눠서 접근하는 논의라든지,[14] 도시를 통한 종족 선교전략도 문화–언어 영역과 지리적 영역을 결합한 전략이라고 할 수 있다. 최근 KWMA에서 제시하고 있는 CAS 선교개념도 크게 보면 지리적 영역과 종족 선교개념을 결합한 접근이라고 볼 수 있다.

이런 점에서 현재 한국 선교계에서 논의되고 있는 전방개척 선교 개념은 한편으로 종족선교의 지리적 측면을 부각시키기 위해 필요한 것이지만 다른 한편으로 보면 신중하게 다루어져야 할 부분이 있다. 특정 지역만을 땅 끝이라고 하거나 새로 부각되는 개척지역에만 나아가고자 하는 시도는 그것을 지나치게 주장할 경우 다시 지역중심 선교개념(내지선교시대)로 돌아가는 우를 범할 수 있다.

모든 곳에서 미전도종족 선교는 이루어져야 한다. 미전도종

---

14) 이유운 '중국 미전도종족 선교의 연합을 위한 지역균형구도론', 중국어문선교회, 중국을 주께로, 2004년 봄호. pp.36–41

족 선교는 모든 지역에 있는 숨겨진 종족을 찾는 것이다. 개척 선교지 뿐만 아니라 전도된 지역 내의 미전도종족을 찾아 선 교하는 데에도 종족 선교개념의 중요성이 존재한다. 그러나 지역적 회귀는 이러한 이점을 잃게 한다. 게다가 전방/개척지 에 포함되지 않은 지역에서 미전도종족 사역을 하는 선교사들 을 마치 개척선교를 하지 않는 것과 같은 오해를 만들어 낼 수 있다.

지금 한국교회에 많은 반향을 일으키고 있는 '백 투 예루살 렘BTJ 운동' 에 대해서도 마찬가지 지적을 할 수 있을 것이다.[15] 이러한 특정 지역을 지향하는 선교운동보다는 소위 "모든 곳 에서부터 모든 곳으로From everywhere to everywhere"를 전 세계 기독 교 시대에 선교운동의 특징으로 삼는 것이 필요하다.[16] 전 세

---

15) 이 운동에 대해서는 원 형제, 폴 해터웨이저 류응렬 역, 백 투 예루살렘 홍성사, 2005 참조

16) 중국에서 10만명의 평신도 선교사를 중국과 예루살렘 사이의 나라들에 보내는 계획, 몽골과 러시아내의 타타르스탄에서 타국으로 선교사 파송, 필리핀 역시 10만 명의 선교 사 파송계획이 있다. 인도는 4만 여명의 자국 선교사가 존재한다. 파키스탄에서 중국과 중앙아시아, 아프가니스탄으로 선교사 파송 움직임이 있다. 카작스탄, 키르기즈스탄, 우 즈베키스탄, 아제르바이잔에서 자국 선교사를 타국으로 보내고 있다. 중남미에서도 선 교운동이 일어나고 있다. 과테말라, 브라질, 멕시코, 칠레에서 타국으로 (특히 모슬렘 권 으로) 선교사들을 보내고 있다. 아프리카에서도 자국 선교사들을 모슬렘 지역으로 보내 고 있다. 이집트 복음주의 교회는 약 30여명의 선교사를 중동과 아프리카에 선교사를 파 송하고 중국으로도 선교사를 파송할 예정이라고 한다. (정마태, "21세기 국제질서 재편 과 한국교회의 선교적 대응" GMTC, 선교연구 제53호. 2005년 6월 p.10)

계 구석구석에 있는 남아있는 미전도종족으로 모든 국가의 기독교인들이 나아가는 운동이 미전도종족 선교개념에 맞는 선교운동이라고 본다. 우리는 특정지역을 부각시키기보다는 개척선교지가 다름 아닌 미전도종족이라는 인식을 가지고 종족선교의 틀 안에서 이것을 다시 지역화 하는 노력을 해야 할 것이다.

3) 선교사역의 완수라는 개념에 대한 비판

미전도종족 선교는 선교사명의 완수를 강조하는 개념이다. 우리는 앞서 개개인이 아니라 종족을 선교대상으로 삼을 때 선교의 끝이 가능하다는 것을 말했다. 왜냐하면 복음을 들어야할 개개인의 숫자는 종교진영의 인구학적 변화, 서구 기독교 진영의 세속화, 새로운 세대의 출현 등에 의해 항상 늘어나는 경향이 있지만 복음을 들어야할 종족의 숫자는 증가하지 않으며 오히려 감소하기 때문이다. 그래서 존 파이퍼는 "우리는 선교적 사명이 미전도종족에게 (그저 많은 사람들이 아닌, 종족 집단에게) 다가가는데 초점이 맞춰지고 있음을 그리고 그 사명은 반드시 완수될 것임을 깨달았습니다"라고 말한다.[17]

---

17) 존 파이퍼, 전의우 역 "형제들이여 우리는 전문직업인이 아닙니다", 좋은 씨앗, 2005. p.295.

그런데 선교의 완수를 말하기 위해 미전도종족의 수를 세고 종말론적인 끝을 앞당기려는 시도가, 하나님의 주권에 속한 부분을 인간이 관리하려는 인간적인 시도가 아닌가 하는 비판이 있다. 이는 소위 '관리 선교학managerial missiology'라는 세속적 선교학이라는 비판을 받기도 했다.[18]

그런데 그 평가는 과연 '성경은 선교의 완수 혹은 그 끝을 말하고 있는가?'하는 질문을 고려해서 내릴 필요가 있다.

우선 우리는 지리적인 끝을 말할 수 있을 것이다. 사도행전 1:8은 선교사명이 모든 미전도 된 '지역'에 도달하는 것이 선교의 특별사명이라는 점을 암시한다. 여기에는 근처에 있는 회심하지 않은 사람들뿐만 아니라 저 너머 있는 곳, 곧 세상 끝까지 가도록 계속 움직이라는 압력이 들어 있다. 그런데 땅 끝이라는 문구는 땅의 모든 종족들과 밀접히 연관되어 있다는 점을 알아야 한다. 구약 시편 22:27에 보면 "땅의 모든 끝이 여호와를 기억하고 돌아오며 열방의 모든 족속이 주의 앞에 경배하리니"라고 하였다. 이 병행구절은 땅 끝이라는 것은 먼 곳의 모든 민족들을 의미하고 있음을 보여준다. 이 점은 신약의 마태복음

---

18) 미전도종족 선교신학이 관리주의 선교학이라는 비판과 이에 대한 반론은 Levi T. DeCarvalho, "What's Wrong with the Label Managerial Missiology" in IJFM, 18:3, Fall 2001, pp.141-146을 참조할 것.

24:14에서도 발견되는데 이 말씀에서는 더 나아가서 지리적인 끝 곧 모든 종족에게 전파되는 것은 시간적인 끝과 연관되어 있다는 점을 보여준다. "이 천국 복음이 모든 민족(파신 토이스 에스네신)에게 증거 되기 위하여 온 세상(지리적인)에 전파되리니 그제야 끝(시간적인)이 오리라" 같은 맥락에서 마가복음 10:13에는 시간적인 끝이 오기 전에 "이 복음이 먼저 만국(판타 타 에스네)에게 전파되어야 할 것이니라"고 말한다.

그렇다면 우리가 끝에 대한 성경의 말씀을 들을 때 어떤 태도를 지녀야 하는가? 유명한 신약학자인 죠지 앨든 래드는 이런 요지로 말했다. "복음이 모든 민족에게 증거 되어 종말이 오는 것을 우리는 앉아서 기다려야 하는가? 우리는 그리스도 안에서 이미 주어진 천국의 복음을 즐기면서 종말이 오기를 바라보아야 하는가? 기다려야 하는 것은 사실이다. 하지만 수동적으로 기다려야 하는 것은 결코 아니다. 마태복음 24:14의 예언은 단순히 우리에게 그 사실을 알도록 하기 위해서 주신 말씀이 아니다. 오히려 그 예언의 성취를 우리의 임무로 생각하도록 권면하기 위함이다. 그런 관점에서 주신 말씀이 바로 마태복음 28:19-20의 대위임령이다."[19]

19) 죠지 앨든 래드. "하나님나라는 언제 오는가? 하나님나라", 크리스챤다이제스트, 2000. pp.120-136.

마태복음 28:19-20의 대위임령은 마태복음 24:14와 같이 "끝날"이라는 종말론적 술어로 연결된다. 가서 모든 족속을 제자 삼는 제자들에게 "세상 끝 날까지 너희와 함께 있으리라"고 약속하신 것은 역시 세상 끝 날과 모든 족속을 제자 삼는 대위임령의 완수가 밀접하기 연결되는 것임을 암시해 주고 있다. 그러므로 우리의 임무는 그 끝을 이루는 것과 무관하지 않으며 우리는 그 끝을 앞당길 수도 있다는 확신을 가져야 한다.

　　우리의 선교전략은 인간적인 계획이 되서는 안 되며 당연히 하나님의 구속 계획에 따라서 선교 전략 계획이 수립되어야 한다. 이 구속 계획은 모든 민족에게 미친다는 점에서 보편적이고, 이 각 종족들 중에서 실제로 얼마를 속량한다는 점에서 확정적이라고 믿는다. 그러므로 선교의 사명은 복음을 전파함으로써 모든 종족 중에서 구속받은 자들을 모으는 것이다. 이것을 위해 노력하는 것은 하나님의 구속 계획을 관리하고자 함이 아니고 순종하기 위함이다.

　　미전도종족 선교의 요지는 우리가 이해하고 있는 식의 모든 '종족'(리스트에 있는)에게 찾아간 이후에 멈추라는 것이 아니다. 그것은 바로 주님이 재림하시지 않는 한 우리가 찾아가야 될 종족 집단들이 필시 더 많을 것이므로 우리는 멈추지 말고 이들에게 찾아가야 한다는 것이다. 그리고 분명히 이러한 노력은 세상의 끝을 이루는데 의미 있는 시도가 될 것이며 이 일에 주님께서 함께 하실 것이다.

4) 종족의 숫자에 대한 비판

미전도종족 선교운동의 옹호자들은 모든 미전도종족이 사라지게 될 때 선교의 완수가 이루어질 것이라고 믿는다. 그러나 비판자들은 과연 종족의 숫자에 대한 확정적인 견해가 있는가? 또한 미전도종족이 1만 2천 개에서 1만 개로 또 6천 여 개로 줄어들었다고 하는 견해[20]가 있는데 무엇을 근거로 한 것인가? 라는 의문을 제기한다.

실제로 이러한 비판은 타당한 측면이 있다. 일치된 견해는 없으며 특히 언어학적으로 종족의 숫자를 계산하느냐 혹은 사회학적 관점에서 종족숫자를 계산하느냐가 큰 편차를 만들어 내고 있다. 종족자료에 대한 가장 포괄적인 정보를 제공하고 있는 Joshua Project는 최근에 보다 중립적인 민족적[ethnic] 관점[21] 에서 계산한 숫자를 제시하기도 하였다. 아래의 〈표〉는 각

---

20) 1974년 랄프 윈터의 발표 당시 12,000종족이었던 미전도종족의 숫자는 2000년에 들어서 10,000개로 줄어든 것으로 간주되더니 이제는 심지어 6,000종족으로 줄어들었다고 하는 의견도 있다.(한정국, "남아있는 과업의 새로운 인식: 전방/개척 선교지는 어디에?" 한국 전방/개척선교연대 구축을 위한 세미나 발표자료, 2005. 참조.)

21) 민족적(ethnic) 관점이란 언어뿐만 아니라 카스트, 문화 등의 기준을 고려해서 종족을 구분하는 것을 의미한다.

입장에 따른 종족 숫자와 그 근거가 되는 자료들을 보여준다.

그런데 그중 어느 한 관점 예를 들어 인종언어학적 숫자에서도 방언을 어떻게 보느냐에 따라 차이가 난다. 즉 지역 방언에 대해 어느 정도 차이가 나야 표준어와는 다른 언어로 구별할 수 있는가 라는 것이다.

페트릭 존스턴은 2001년 판 세계기도정보에서 인종언어학적 종족이 1만 2천 여개 정도라고 보았고 비슷하게 데이빗 바렛은 2001년 기독교백과사전 개정판에서 인종언어학적 종족 정의에 따라[22] 약 1만 2천 6백 개로 계산하였다.

이에 대해서 랄프 윈터는 "바렛의 도표를 보면 그가 추정한 종족의 숫자는 그가 보기에 성경번역이 필요한 언어의 숫자와 거의 똑같다. 자 그러면 어떻게 되는지 살펴보자. 남부수단의 경우 성경번역 50개의 번역본이 필요하다고 말한다. 이것이 50개의 종족집단을 의미하는가? 반면에 가스펠레코딩Gospel Recordings은 언어 수를 셀 때 130개라는 답을 내놓는다. 저자마다 다른 이유로 단체마다 다른 목적으로 그 셈하는 숫자가 다르

---

22) "인종언어학적 종족이란 한 국가 내에서 자신들의 언어(하나의 모국어)를 사용하는 구별된 동종의 집단이다."라고 하였다. 그리고 같은 종족이라도 소속 국가에 따라서 구분된다.

다"라고 지적함으로써 인종언어학적인 종족 숫자가 확정적이 아님을 지적하였다.

랄프 윈터는 아래의 〈표〉에서 단일최대종족의 견해를 지지하지만 그는 그 종족에 대한 구체적인 목록을 제시한 적이 없다. 그 이유에 대해서 그는 단일최대종족은 현장에서 발견되어진다는 주장을 하고 있다. 종족집단의 숫자는 변화한다. 새로운 기준의 적용과 언어집단의 발견에 의해서 데이빗 바렛은 1982년 판 세계기독교 백과사전에서는 인종언어학적 종족을 8,990개라고 하였지만 2001년 판에서는 12600개로 늘려 잡았다. 상대적으로 안정적인 인종언어학적 관점에서도 종족수가 변화한다면 현대사회의 빠른 문화교류나 사회변동의 상황에서 민족적 종족이나 단일최대종족의 경우 얼마나 유동적일 것인가를 짐작할 수 있다.

현재 미전도종족의 숫자에 대해서도 Joshua Project는 약 7천 개(6,918개)를 제시하면서 그 기준으로서 Joshua Project Process Scale을 제시하고 있다. 이 척도Scale에 의하면 종족 내 복음주의자가 2%미만일 경우 미전도종족으로 분류하고 있으나 그 근거는 사실 불명확하다. 또한 과연 복음주의자 2%라는 기준이 '자생적 교회의 존재'라는 기준과 일치하는지에 대해서도 논란의 여지가 많다. 왜냐하면 자생적 교회개념은 교회의 양적인 측면뿐만 아니라 질적인 측면을 고려한 것이기 때문이다. 랄프 윈터는 어떤 종족 내에 자생적 교회가 설립되고 있는지 그 진행 여부는 측정할 수는 없지만 교회의 자생성은 확인할 수는 있다고 말한다. 결국 우리는 이런 결론을 내릴 수밖에 없을 것 같다. "'복음주의자'라고 하는 기준에 의한 자료가 도움이 되기는 하지만 궁극적으로 미전도종족 선교의 성취는 주님의 재림에 의해서 그 결과가 정확히 드러날 것이다. 주님의 재림때까지 우리는 최선을 다해 미전도종족을 찾아내어 복음을 전하는 일에 힘써야 한다."

5) 미전도종족 선교가 민족 분리주의를 조장한다는 비판

미전도종족 선교개념이 종족단위 교회개척을 지지하기 때문에 이를 '민족분리주의'라는 비판이 있어 왔다. 이러한 비판을 제기하는 사람들은 각 국가들이 민족 통합을 이루고자 하는데 미전도종족 선교는 이에 역행함으로써 오히려 국가의 정책에 반대하는 정치적 결과를 만들어낸다고 말한다. 그 결과 단기적으로는 교회성장을 이룩할 수 있더라도 장기적으로는 민족갈등이나 정치적 박해를 초래함으로써 기독교발전에 오히려 부정적인 결과를 만들어낸다는 것이다. 따라서 우리의 선교전략은 민족 분리주의의 색채를 띠는 종족단위 교회개척은 지양해야 한다고 주장한다. 이러한 비판의 보다 신학적인 접근은 '한 지역 내에서 종족별로 별개의 교회를 세운다면 그리

〈표〉 종족 분류 기준에 따른 종족 숫자의 차이

분류 기준	종족 분류 명	근거자료	추정숫자
언어	언어학적 종족	ethnologue	7,000
언어/방언	언어학적 종족 (특히 언어에 기초한 사역을 지지함)	ROPAL (Registry of Peoples and Language)	11,000
언어/ 방언, 민족성	인종언어학적 종족 (특히 언어에 기초한 전도와 제자사역을 지지함)	Integrated Strategic Planning Database World Christian Encyclopedia Operation World peoples lists Original Joshua Project list	13,000
언어/ 방언, 민족성, 종교, 카스트, 문화	민족적 종족 (특히 교회개척 사역을 지지함)	Joshua Project PeopleGroups.org Registry of Peoples (ROP)	16,000
언어/ 방언, 민족성, 종교, 카스트, 문화, 교육, 정치, 이데올로기, 역사적 적대감, 관습, 행동	단일최대종족 (Unimax peoples) (특별히 교회개척과 전도 및 모든 종류의 제자훈련 사역을 지지함)	World Christian Encyclopedia estimates US Center for World Mission estimates	27,000

(출처: www.joshuaproject.net/numbers.php)

스도 안에서 하나 됨을 저해하는 것이 아니냐' 는 것이다. 왜냐하면 종족선교가 유대인 − 이방인 종족간의 담을 허물어야 한다는 성경말씀과는 달리 종족 간에 담을 세우는 것이기 때문이라는 것이다.

이러한 정치적−신학적 비판은 나름대로 타당성이 있다. 그러나 그것이 미전도종족 선교 개념을 부정할만한 강력한 것이 아니라고 믿으며 이에 대해 역시 정치적이고 신학적인 견지에서 대답하고 싶다.

우선 정치적인 측면에서 볼 때 다민족국가에서의 민족통합이라는 슬로건은 주로 정치적 헤게모니를 지닌 주류 종족이 내거는 것이며 이는 주류 민족 중심의 통합을 의미한다. 그것이 소수 민족의 입장에서는 평등한 통합이 아니라 종족 정체성의 약화를 통해 이류시민으로의 영구적 전락을 가져온다는 것은 주지의 사실이다. 기독교는 약자의 종교이며 미전도종족 선교 개념에서 굳이 정치적 의미를 찾는다면 그것은 소수 종족에게 그들의 언어와 문화의 소중함으로 일깨워줌으로써 민족적 자긍심과 보다 평등한 삶을 지니도록 하는 것이다.

신학적인 측면에서 보면 우선 종족 단위교회가 같은 동질집단내에서 더 큰 끌어들이는 힘을 지니고 있다는 것이다. 복음주의 관점에서 더 많은 영혼을 얻는 것은 여러 종족이 함께 하는 교회를 세우는 것보다 우선되는 가치이다. 둘째로 바울이 하나 됨을 강조한 의도는 각 종족교회가 그 문화적 통일성을 통해서 담을 허무는 것이 아니었다. 오히려 종족교회의 문화적 다양성을 인정함으로써 그 담을 허물고자 하였다. 즉 유대인은 유대인의 문화대로 이방인은 이방인의 문화에 따라 교회를 세우고 자유롭게 주님을 섬기도록 의도하였다. 그러므로 하나 됨이란 다양성 속에서의 지체의식을 의미하는 것이지 획일성을 의미하는 것은 아니라는 것이다. 랄프 윈터, "새로운 마게도냐: 선교의 혁명적인 새로운 시대가 시작되다"[23]

그런데 대개 단일민족 교회개척에 대해 비판을 하는 사람들은 다민족 교회개척을 지지하는 입장에 있는 사람들이다. 우리는 다민족교회의 중요성을 무시하지 않으면서도 그 교회가 과연 모든 종족이 자유롭게 나아올 수 있는 교회인지 아니면 주류 민족에 동화된 종족들만이 나올 수 있는 교회인지를 주의 깊게 살펴보아야 한다.

6) 미전도종족 선교개념이 서구개념이라는 비판

이 비판은 민족주의적인 견지에서 나온 것이며 무분별하게

---

23) 랄프윈터 스티븐호돈 공동편저, 미션퍼스펙티브, 예수전도단, 1999, pp.460-463.

서구에서 개발된 선교개념을 수용해서는 안 된다는 반성을 촉구하고 있다. 랄프 윈터의 주장을 거의 반복하는 필자에게 스스로를 돌아보게 하는 비판이라고 할 수 있다. 그것이 서구개념이라는 비판의 이면에는 미전도종족 선교가 일종의 유행으로서 지나가는 것이 아니냐는 시각이 깔려있다. 포스트모던 시대의 어떤 지배적인 사상이 부인되는 분위기에서 미전도종족 선교개념에 대한 강조는 점점 약해지기 쉽다. 그러나 어떤 사상이나 개념이 어디에서 만들어졌는가에 따라 한계를 지워서는 안 된다. 그렇다면 복음도 중동에서 만들어진 사상이라고 폄하될 것이기 때문이다. 어떤 사상이나 개념은 그것이 성경에 기초하고 사랑으로 동기 지워진다면 오래도록 지속될 것이다. 사실 미전도종족 선교 개념은 서구의 근대적이며 제국주의적인 선교 패러다임에 대한 반성에서 나온 것이라는 점을 이해할 필요가 있다.

필자가 보기에 미전도종족 선교개념 자체보다도 우리가 주의해야 할 것은 분석적이며 이론적인 것이 서구인의 사고방식이라고 할 수 있다. 그것에 기초한 서구선교전략이 동양적 맥락과 맞지 않는 부분을 우리가 찾아서 지적해야 할 것이다.[24]

---

24) 이 부분에 대해서 한수아, 김경, 한국선교사의 미전도종족 내 교회개척 전략에 대한 시론적 연구, KWMA 미전도종족선교 10주년 기념자료집2, pp.25-27 참조.

현재 세계선교는 전략과 정보, 방법은 서구에서 개발되고 자원동원은 비서구권에서 이루어지는 방향으로 나아가고 있다. 그러므로 선교신학의 측면이나 전략의 측면에서 비서구의 자립성이 확보되어야 진정한 비서구중심적 선교운동이 가능하다고 할 수 있다.

　9.11 이후 서구선교가 심각한 한계에 부딪히게 되었다. 세속화된 국가임에도 불구하고 이라크 전쟁을 일으킨 미국이 기독교의 종주국으로 간주되고 있다. 이슬람 급진주의자들은 이것을 종교 간의 전쟁으로 끌어가려고 한다. 과거 중세와 근세에 있었던 서구선교의 정복주의적 자세가 재연된 것으로 보고 있다.

　현재 대부분 기독교에 저항적인 미전도종족 선교를 위해 기독교 혹은 기독교선교는 서구(작게는 미국)와 거리를 두는 것이 필요하다. 기독교가 아시아-아프리카의 종교이고 선교사는 더 이상 서구인이 아니라는 인식의 전환이 필요한 것이다. 선교는 초대교회시절처럼 피정복민에 의한 정복민에 대한 선교라는 인식이 있어야 한다.[25] 기독교는 정치, 경제적 지배세력과 관계된 것이 아니라 사람을 변화시키는 영적 능력이 있다

---

25) 이 점에 대해서는 사무엘 에스코바 저 권영석 역, 벽을 넘어 열방으로, IVP, 2004. pp.74-77. 참조

는 것이 입증되어야 한다. 서구선교계는 이점에 있어서 아시아
-아프리카에 주도권을 넘겨주고 협력자가 될 필요가 있다.

그러므로 이제 종족 선교 협력을 위한 서구-비서구 선교사
들간 회의도 현지어로 진행되어야 한다. 왜 반드시 영어로 진
행해야 하는가? 최근에 카작 종족 파트너십의 변화는 고무적
이다. 선교사 회의의 공식 언어에서 카작어에다 러시아 통역만
사용하고 영어는 제외하였다는 것이다. 필요하다면 현지어가
부족한 선교사들을 위해 각국의 언어로 통역을 하면 되는 것이
다. 그리고 미전도종족 선교의 한국화 모델 개발, 비서구권 선
교사의 활약상이 부각되어야 한다. 아울러 선교신학의 면에서
도 아시아-아프리카 선교신학의 발전이 필요하다.

4. 결론을 대신하여

NCOWE Ⅳ 1차 리서치에도 나왔지만 필자는 20년간의 미
전도종족 선교운동에 참여하면서 개념의 확산과 실행사이의
괴리를 자주 느낄 수 있었다. 미전도종족 선교개념의 전파에도
불구하고 종족개념의 사역참여는 더디다.

특히 종족입양운동을 하면서 우리는 그 운동이 기대했던 것
만큼 활성화되지 못하는 모습에 대해서 안타까움을 느꼈다. 그

러면서 그 원인 중의 하나는 선교단체의 참여 없이 교회를 직접적으로 동원하는 것에 문제에 있었다는 인식을 하게 되었다. 교회중심 선교운동의 한계를 느끼게 된 것이다. 미전도종족 가운데 교회를 세우는 일은 매우 전문적이고 시간이 걸리는 일임에도 불구하고 교회는 전문성이나 인내심에 한계를 보인다. 교회가 중심적으로 참여하는 단기선교 운동도 사실 장기적인 헌신과 치밀한 전략을 요구하는 미전도종족 선교와 거리가 있다.

토드 존슨의 지적처럼 포스트모던 시대의 탈 중심화는 선교에 있어서 개교회의 선교적 주도권을 증가시켰다.[26] 단기선교 뿐만 아니라 심지어 장기선교사의 파송에 이르기까지 전문적인 선교단체를 고려하지 않고 진행되고 있다. 여기서 선교의 아마추어리즘의 문제가 제기되기도 한다. 교회는 전문적인 선교단체와 더불어 미전도종족 선교운동에 파트너십을 형성해야 한다. 그러므로 앞으로의 선교동원은 교회로 하여금 미전도종족 선교개념을 알게 하고 동원된 교회를 종족선교에 대한 전문성과 훌륭한 훈련프로그램을 지닌 선교단체와 연결하는 모델이 되어야 할 것이다. 물론 이를 위해 미전도종족 선교를 위한

---

26) Todd Johnson, "It Can Be Done : The Impact of Modernity and Postmodernity on the Global Mission Plans of Churches and Agencies" in Jonathan J. Bank ed. Between Past and Future Evangelical Mission Entering the Twenty first Century EMs Series 10 Pasadena:William Carey Library. 2003.

선교단체의 전문성 확보가 요구된다.

비록 더디다하더라도 우리는 미전도종족 선교운동에 대한 기대감을 잃어서는 안 된다. 바로 그것은 주님의 비전이요 그러므로 주님이 이루실 것이기 때문이다. 미전도종족을 향해 일군들을 보내시는 주님의 사역을 지금도 계속되고 있다. 필자 역시 한 미전도종족을 향해 떠나면서 하나님께서 이루실 것을 기대해 본다.

참고문헌

- 사무엘 에스코바. 『벽을 넘어 열방으로』 권영석 역. 서울:IVP. 2004.
- 데비빗 보쉬. 『변화하는 선교』 장훈태·김병길 역. 서울:CLC. 2000.
- 존 파이퍼. 『형제들이여 우리는 전문직업인이 아닙니다』 전의우 역. 서울: 좋은 씨앗. 2005.
- 윈 형제·폴 해터웨이. 『백 투 예루살렘』. 류응렬 역. 서울:홍성사. 2005.
- 죠지 앨든 래드. "하나님 나라는 언제 오는가?" 『하나님 나라』. 서울: 크리스챤다이제스트. 2000.
- 랄프 윈터. "새로운 마게도냐: 선교의 혁명적인 새로운 시대가 시작되다" 랄프 윈터 스티븐 호돈 공동편저. 『미션퍼스펙티브』 서울:예수전도단, 1999.
- 이유운. "중국 미전도종족 선교의 연합을 위한 지역균형구도론". 중국어문선교회. 『중국을 주계로』 2004년 봄호.
- 정마태. "21세기 국제질서 재편과 한국교회의 선교적 대응" GMTC. 『선교연구』 제 53호. 2005년 6월.
- 한정국. "남아있는 과업의 새로운 인식: 전방/개척 선교지는 어디에?" 한국 전방/개척선교연대 구축을 위한 세미나 발표자료. 2005.
- 한수아·김경. "한국선교사의 미전도종족내 교회개척 전략에 대한 시론적 연구",

- KWMA. "미전도종족선교 10주년 기념자료집2". 2003.
- KWMA. "NCOWE IV 1차 Pre-Consultation 자료집" 2005. 6.
- Michael Jaffarian. "The Demographic of World Religions Entering the Twenty-first Century", in Jonathan J. Bank ed. Between Past and Future Evangelical Mission Entering the Twenty first Century. EMs Series10 Pasadena: William Carey Library. 2003.
- Todd Johnson. "It Can Be Done": The Impact of Modernity and Postmodernity on the Global Mission Plans of Churches and Agencies" in Jonathan J. Bank ed. Between Past and Future Evangelical Mission Entering the Twenty first Century. EMs Series10 Pasadena: William Carey Library. 2003.
- Alan Johnson. "Analyzing the Frontier Mission Movement and Unreached People Group Thinking" in IJFM 18:2 Summer & 18:3 Fall. 2001.
- Ralph D. Winter and Bruce A. Koch. "Finishing the Task:The Unreached Peoples Challenge" in IJFM 19:4 Winter. 2002.
- Ralph D. Winter. "From Mission to Evangelism to Mission" in IJFM 19:4 Spring. 2002.
- David Hesselgrave. "Challenge the Church to World Mission" in IJFM 13:1 Jan-Mar. 1996.
- John Piper. "The Supremacy of God Among:All the Nations" in IJFM 13:1 Jan-Mar. 1996.
- Levi T. DeCarvalho. "What's Wrong with the Label:Managerial Missiology" in IJFM 18:3. Fall. 2001.

Modern Mission through People Window(I)

4

너무나 많은 선교사들이 선교 대상이 아닌
전도 대상자들을 위하여 일하고 있다면 큰 문제가 아닐 수 없다.
선교하는 사람들의 관점에서가 아니라 선교 대상자들의
관점에서 현대선교의 남은 과업을 바라볼 때
그 해법이 새롭게 제시될 수 있다.

4
미전도종족과 전방 개척 선교

1. 남아있는 과업에 대한 전통적 인식의 변화

20세기까지의 기독교 선교에 대한 인식발전을 살펴보면, 유럽과 영국을 중심으로(후에 미국도 합류)하여 대륙 선교를 이교도 관점에서 바라보았고, 윌리엄 캐리는 당시대의 남아있는 선교과업 인식을 표출하였고, 그 유명한 허드슨 테일러는 이교도 대륙 해안선에서 내지에의 전진선교를 남은 과업의 연속선상에서 바라보았다.

1930년대에 와서 선교지의 선교대상에 대한 관찰에서 타운젠드와 멕가브란은 남은 과업을 종족 선교라고 새로운 인식으로 이해하였다. 1955년에 멕가브란은 '어떻게 한 족속이 그리스도에게 돌아오는가?' 란 연구 질문을 던지며, 한 개인 대상이 아닌 동질집단 접근으로서 남은 과업인식을 발전시켰다.

1974년 로잔 대회는 세계복음화를 전도라는 시작에서 바라보았다가 랄프 윈터의 '종족무지 People Blindness' 라는 비판을 받고 정치적 근대국가 관점에서는 전도대상자라 하더라도 종족적으로 선교대상자라는 새로운 인식을 요구받기에 이르렀다. 즉 한 국가내의 기독교회가 많이 존재하더라도 기독교회는 특성상 몇 번이나 동질집단인 종족들의 구성원으로 구성되어 있다는 점에서 타집단Unreached 집단을 선교대상으로 삼아야 한다. 이때 남아있는 과업을 랄프 윈터박사는 Unreached people미전도 종족이라고 명명하였다.

예수탄생이후 1974년까지 약 7,000종족집단이 전도 가능[1] 상태Reached 되었고, 1975년에 미전도종족Unreached People이라는 전략적 개념으로 남아있는 과업을 인식하여, 선교한 결과 2000년까지 약 25년 동안 또 다른 7,000종족 집단이 복음화 되었다는 점에서, 1975년 동안의 선교성과와 25년간의 성과가 산술적으로 버금가는 것으로 나타났다. 이런 사실은 남아있는 과업에 대한 새로운 인식의 등장과 발전이 선교에 가속적인 성과를 가져온다는 것을 알 수 있다.

서기 2000년 이후 지난 5년간의 선교적 성과 또한 미전도 종족이라는 시각에서 남은 과업을 인식하고 선교하는 운동이 널리 퍼지자 선교성과 또한 가속화되고 있다. 지난 5년 동안의 성과는 약 4,000종족 집단이 복음화Reached되었거나 적어도 그 가

---

1) 여기서 전도 가능한 상태라 함은 그 종족의 교회가 외부 선교의 도움 없이도 스스로의 전도로 그 종족을 복음화 시킬 수 있는 상태를 의미한다.

운데 Spontaneous Church Growth^{동시다발적 교회성장}이 일어나고
있다. 예를 들어 중국의 조선족과 중앙아시아의 고려인들이 그
러하다. 그리하여, 최근에는 24,000 세계 종족 중에서 미전도
종족을 약 6,000으로 보고 있다.

이를 정리해보면 다음과 같다.

1975년간 (AD1~1974)	7,000 종족	Reached化
25년간 (AD1974~1999)	7,000 종족	Reached化
5년간 (AD2000~2004)	4,000 종족	Reached化
남은기간 (AD2005 ~ 주님 재림)	6,000 종족	Will be reached
	Total : 24,000 종족	

2. 남아 있는 과업에 대한 새로운 인식

1990년대 중반, 랄프 윈터박사와 미국 세계 선교 리서치 팀
은 남은 과업 즉 미전도종족 대상을 위해 일하는 개신교선교사
를 전체선교사의 26%라고 지적하였다. 이것은 전체선교사 중
74%가 전도 가능 종족^{Reached people}가운데 일함을 의미하였다. 그
리하여 이 통계는 세계선교가 남은 과업에 대한 예리한 인식이
없이 아직도 구태의연하게 전도대상자를 위해 일하고 있음을
보여주었다.

이것은 당시 큰 반향을 일으켰고 남아있는 과업을 규명하는데 더 큰 연구를 이끌게 되었다. 이것은 AD 2000운동에서 펼치는 10/40창 선교 운동과 병행하여 전개되면서 선교사의 재배치 효과를 가져 오는데 결정적 역할을 하였다. 예를 들어 당시 한국 대전 인근에서 선교하던 미국 남침례교 선교사들은 미국교회 관점에서는 선교대상인 충청도 사람들이 한국 교인들의 전도대상지임이 지적되었고, 한국교회 관점에서는 미국 내의 미국인들을 위한 선교가 미국교회 관점에서는 전도로 인식되는 것과 동일하다.

1990년대 중반, 이러한 모순으로부터 탈출을 시도한 남침례교단은 당시 한국에 있던 약 200명의 선교사를 중국, 중앙아시아 그리고 인도 북부로 재배치시켰다. 이로 인하여 선교의 남은 과업에 대한 미전도종족 개념 시각은 미국선교의 구조조정을 가속화시켰고 타 선교 파송 국에도 도전을 크게 주었다.

그러나 20세기를 마감하고 21세기 초입에 들어서서 새로운 젊은 학자 토드 존슨Todd Johnson은 개신교 선교사의 26%인 미전도 종족 대상사역 선교사에 대해서도 과연 그들이 진정한 미전도 종족을 대상으로 선교하는지 의문을 품고 심층리서치에 돌입하였다. 리서치 결과는 생각지도 못한 문제가 나오게 되었고 이것은 2002년 싱가포르에서 열린 세계미전도 종족 선교대회에서 발표됨으로 참석자 모두는 경악하였다. 왜냐하면 26% 중에서 대다수는 미전도 된 선교대상국가 중에서 전도 가능한

^{Reached People} 가운데 일하며, 오직 2.4%만이 미전도종족 가운데 사역하고 있다는 지적이었다.

왜 이런 현상이 나타났을까? 랄프 윈터, 토드 죤슨의 표를 필자가 조금 발전시켜 다음의 그림을 설명해본다.

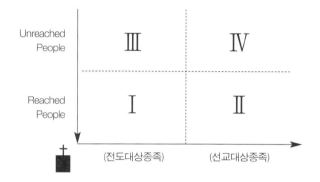

먼저 기독교회와 우리 기독교인 관점에서 불신자들을 볼 때 수평축 방향으로 가까이, 또는 멀리 그들이 존재하고 있다. 우리는 우리보다 지리적으로나 문화적(또는 언어적)으로 우리의 교회에서 가까이 있을 때는 전도대상, 멀리 있는 불신자들은 선교대상으로 인식하였다. 이점은 전통적인 선교인식이며, 이것은 지금도 상당히 편만하게 퍼져 있어 선교의 도구로 사용되고 있다. 그러나 이제는 관심을 바꿔 불신자들의 관점(그림에서 수직적으로 표시)에서 보기도 하자. 그들의 관점에서 볼 때

기독교회와 기독인은 멀리 있기도 하고, 인근에 가까이 존재하기도 한다. 이 거리는 지리적, 문화적 또는 언어적 거리일 수도 있다. 그들의 관점에서 교회와 기독인이 멀리 있을 때 랄프 윈터박사는 그들을 외부의 선교사가 투입되어야 하는 종족 즉, Unreached People로 생각해보자는 시도를 제안했다. 가까이 있을 때 그들을 전도의 대상으로 즉, Reached People로 본다면 Ⅰ에서 Ⅳ까지 네 개의 영역으로 전도 및 선교 대상을 구분할 수 있다.

영역 Ⅰ은 우리나 그들 관점에서도 전도 대상 종족이며, 영역 Ⅱ는 우리 관점에서는 선교, 그들 관점에서는 전도대상자가 된다. 예를 들어, 케냐에 있는 불신자는 한국 교회나 한국 선교사 관점에서는 선교대상이나, 그들 관점에서는 케냐 기독교회와 케냐 기독인이 전체인구의 69%가 되기에 그들은 순전한 의미에 있어 전도대상자가 되는 것이다.

Ⅲ영역은 우리 관점에서는 전도대상인 것 같으나, 그들 관점에서는 선교대상일 수 있는 집단들이다. 예를 들면, 한국 내에 들어와 일하고 있는 동남아 외국인 노동자들이 그러하다. 그들 주위에는 한국 교회와 한국 기독교인이 많다. 그러나 그들에게 교회는 문화적으로 또는 언어적으로 거리가 멀다. 이상에서 볼 때, '영역 Ⅱ와 Ⅲ에서 일하는 한국 기독교 선교사중 누가 더 선교대상을 분명히 하고 있는가?' 라는 질문이다. 분명히 영역 Ⅲ

에서 일하는 사역자인데, 현실은 영역 II 에서 일하는 사역자가 선교사로 인식 되는 것이 대부분이며, 또한 한국 교회의 선교 대상인식은 영역 II 에 머물고 있다.

그렇다면 영역 IV는 무엇을 나타내는가? 우리 관점에서나 그들 관점에서나 선교대상인 미전도종족 집단 이다. 이들이 바로 우리가 21세기에서 남은 과업이라고 할 수 있지 않겠는가?

정리하면,

세계 개신교선교사 중

영역 I 과 II 에서 일하는 선교사가	74.0%
영역 II 또는 III에서 일하는 선교사가	23.6%
영역 IV에서 일하는 선교사가	2.4%
Total	100%

이상의 지적은 미전도종족 선교 30년을 추구한 개신교 선교계에 새로운 반성점을 지적해 주고 있다. 미전도종족 선교를 추구하면서도 무엇이 문제였는가? 그것은 선교대상을 미전도종족대상으로 하기보다, 미전도 국가 개념으로 이해하고 접근한 결과에 기인한 것이었다.

인도네시아는 전체적으로 미전도(이슬람 인구가 세계 최대) 국가이나, 이 안에는 바딱, 므나도, 또라자, 암본, 이리안 등 수

많은 전도된 종족이 있어 전체적으로 기독교인이 3,000만명에 이르는 것으로 알려졌다. 따라서 인도네시아에서 일하는 기독교 선교사의 상당수는 전도된 종족 가운데 일하면서도 미전도 종족 대상으로 사역하는 것인 양 본인이나 파송교회가 착각할 수 있게 되는 남은 과업 인식의 착시 현상이 일어난 것이다. 이 점은 필자의 인도네시아 분석을 통해서 뒷받침된 자료인데, 기본적으로 필자는 윈터와 존슨의 지적에 공감한다. 필자의 조사에 의하면 인도네시아의 바딱 종족의 97%가 기독교인이며, 므나도 종족의 92%, 또라자 종족의 87%, 암본종족의 85%, 그리고 이리안 토인종족의 76%가 기독교인들이다. 인도네시아에서 일하는 개신교 선교사의 대다수는 이들 종족들에서 헌신된 학생들을 신학교에서 가르치는 비자를 갖고 있다. 신학교가 수없이 많은데 학생들의 구성을 보면 주요 기독교 종족 출신 학생들이 대부분이다. 그렇다면 이들 속에서 사역하는 개신교선교사들은 진정 미전도종족 사역을 하고 있다고 말할 수 있을 것인가? 존슨박사는 이들이 실제로 전도된 종족 가운데 일하고 있으면서, 미전도종족 속에 일하고 있는 착각을 갖고 있다고 지적한다.

3. 남은 과업에 대한 보다 더 새로운 인식을 찾아서

윈터박사는 깊은 사색 끝에 최전방 개척선교^{Frontier Mission}이라는 평범한 단어를 재사용키로 결심한 것 같다. 소위 전방개척 선교를 통해 남은 과업을 더욱 구체화시키기로 했고, 지난 30년간의 미전도종족 선교에 전방개척선교를 첨가하여 남은 과업 인식을 새롭게 한 것이다.

우리는 남아있는 과업을 전방에 있는 '미전도종족개척선교'로 규정할 수 있다고 결론을 내릴 수 있다. 필자는 선교의 정의와 선교에 대한 인식 발전 과정에서 나타난 재미있는 현상도 발견하였다. 즉 성경에서 말하는 선교의 대상개념은 본질적으로 他문화적인 미전도종족 선교(창12:1-3, 마28:19,20, 계7:9,10)이며, 지역적인 관점을 추가할 때 전방Frontier 즉 땅 끝으로 또는 기독교회에서 지리적으로 먼 방향 쪽으로서(행1:8)개척선교이다. 그러나 하나님의 백성들은 이 선교의 의미와 본질을 이해하지 못하고, 자기중심적 시각으로 선교를 인식해왔고 지금도 이런 패러다임이 선교의 큰 걸림돌로 작용하고 있다. 따라서 우리의 시각이 아닌 하나님의 시각으로 보는 선교의 본질적 관점에서 현대 선교를 미전도종족 전방개척선교로 규정할 때 남은 과업이 분명해지는 것이다.

4. 세계교회에 주어진 전방/개척 선교지는 어디에?

하나님의 시각과 범기독교회적 관점Global Church관점에서 세계 선교를 새롭게 바라보면 다음과 같다.

첫째, 이것은 개신교회를 뛰어넘는 약간의 너그러움이 필요하다. 즉 독립교회, 가톨릭 교회 그리고 정교회를 바라보는 조금 넓은 시각을 요한다. 그들이 적어도 그리스도의 이름을 부르며, 그들 중 상당수가 구원에 이를 수 있다는 점에서 그리고 그들 말고도 수세기 동안 복음에서 계속 소외되어 있는 미전도종족 대상 집단을 복음 선교의 우선점을 고려하여 전방개척대상을 좀 더 좁혀보기로 하자.

둘째, 한국교회가 인도네시아와 아프리카의 여러 나라를 선교지로 이해하는 것을 나무라지 않지만, 적어도 그들 국가 내에는 많은 기독교인이 있고, 그들이 그들 국가 복음화에 선교사 이상으로 선교하고 있음을 이해하고, 어쩌면 외국선교사들보다도 더욱 효과적으로 국가 내 타종족에게 선교하고 있음을 인식해 보자. 그리고 그들은 더욱 이 선교과업에 동원되어야 하며, 이들 국가 내에 있는 미전도종족을 그 국가 내 기독교인들에게 맡기면서, 한국교회 및 기타 기독교 선교 참여 국가교회는 보다 소외된(전방에 있는 미전도)종족에 개척 선교함이 바람직할 것이다. 그렇다면 이들은 도대체 어디에 있을까?

1) 전방 개척 선교 대상 집단
그들은 세계교회가 공유해야 할 선교대상이며, 종교적으로는 이슬람, 힌두교, 불교, 애니미즘 그리고 공산이데올로기로 볼 수 있고, 지역적으로는 10/40 창문지역과 인근지역에 산재되어 있다. 그러나 WTO^{세계무역기구}출범 이후 노동력의 국제적 이동으로 이런 미전도종족이 소위 Reached Area(기독교 국가 또는 선교교회국가)로 이전하면서 새로운 미전도종족 선교가 안방에서 이루어 질 수 있게 되었다. 그러나 문제는 세계교회(소위 파송교회와 현지교회)가 여전히 언어, 문화적으로나 사회적으로 멀리 생각하고 있다는 것이다. 이제는 선교대상자들에 의해서도 멀리 떨어진 느낌으로 생각되어지는 전방 지역의 미전도종족을 찾아나서야 한다.

서남아시아 지진해일 사건의 최대 피해자인 아쩨 종족(지역)은 세계최대 기독교인구 비율인 바딱 족속(전 인구의 97%가 기독교인)지역 인근에 살고 있다는 점에서 전방은 바로 옆에 있는 미전도종족일 수 있다는 아이러니가 엄존한다. 여기서 인도네시아 같은 이슬람권이라 하더라도 그리고 나이제리아같이 이슬람이 점증되는 전투지역이라 하더라도 우리는 그곳에 있는 불신자들을 새롭게 바라볼 필요가 있다. 우리 아닌 그 곳에 있는 기독교회와 기독교인들에게 위임하고 우리는 더 소외된 지역을 바라보는 전방 지향적 사고 말이다. 중동의 레바논도 기독교가 상당하며 요르단도 그런 점에서 중동 다른 국가와 비교되어야 한다. 따라서 중동 이슬람선교도 차별적으로 전방개척개념으로 선교대상 우선순위 설정과 전략을 개발해야 한다.

힌두교가 밀집된 인도에 대한 선교도 그 국가 내에 있는 수많은 기독교회와 약 7만에 이르는 Local Missionary의 활약에 박수를 보내자. 그렇다면 한국교회와 서구 교회는 인도 내에서 선교의 역할을 찾을 때 인도교회가 못하는(어쩜 안할 수도 있는) 전방개척 선교대상을 찾아 선교하여야 할 것이다. 이리하여 21세기 선교가 발전하려면 이런 전방개척 미전도종족선교 리서치가 선행되어야 한다. Research First, Ministry Second!가 되어야 '중복불필요선교'를 줄일 수 있다.

불교권 전도도 소승불교 지역이 아직도 선교대상으로 많이 남아있고, 대승불교 국가인 한국, 중국 등은 상당히 복음화 되었거나 되어가고 있다. 공산권에서 러시아, 동유럽은 이미 선교지로서 재고가 필요할 정도가 되고 있으며, 중국도 새로운 시각으로 바라볼 필요가 있다. 약 1억에 이르는 중국교회, 선교사를 많이 파송하는 싱가포르, 일본, 말레이시아의 중국인교회 그리고 인도차이나에서 부흥하는 수많은 기독교회는 우리에게 좀 더 진전된 선교인식을 바라고, 21세기 선교대상 인식을 보다 구체적이며 새롭게 할 것을 요구하고 있다.

2) 선교지에서의 전진/재배치

한국선교사의 92.8%가 대도시에 밀집해 있다는 통계는 주시하고 있는 바이다. 이들은 지방 중소도시로도 가지 못하는 죄책감이 있다. 그러나 이런 죄책감을 느끼는 선교사들은 그래도 양심적인 선교사이다.

지난 20여 년간 한국 교회는 미전도종족 선교를 강조하여 캠페인을 벌여 왔다. 선교한국, UPMA(미전도종족선교연대)등이 그 운동을 선도하여 왔고 파급도 상당하였다. UPMA의 연구소격인 IMPAC(종족과 도시선교연구소)는 미전도종족선교의 시작은 관문도시에서 해야 하는 학문적 타당성을 규명하여 대도시에 일하는 한국 선교사들에게 위안이 되어왔다. 도시화 현상으로 대도시에 미전도종족이 모자이크를 이루어 살고 있으며, 이들은 복음에 훨씬 수용적인 사실은 여간 고무적이지 않다. 그러나 문제는 도시 내의 한국 선교사들이 종족 패러다임으로 일하지 않고, 국가 단위 패러다임으로 선교하여 과당경쟁을 일삼고 있어 문제 해결의 실마리가 풀리지 않는데 있다. 선교지에서 Comity(지역분할), Adoption(종족분할) 그리고 Specialization(기능 전문화)가 이루어질 수 있음에도 불구하고 싹쓸이 패러다임에 익숙한 전천후 스타일, 전투사 람보스타일 선교가 여전히 판을 치고 있다. 선교지에서는 전방개척이 이루어지지 않는다면, 개신교 선교의 미전도종족 대상 선교사 비율인 2.6%도 여전히 개선되기 힘들 것이다.

이상과 같은 고착적이고 폐쇄적인 현실에서 현재의 개신교 선교가 전방개척선교로 이동되기 위해서는 엄청난 사고의 전환과 결단이 필요하다. 어쩌면 윈터박사가 말하는 주님 재림 이전에 도래해야 할 세 번째 선교대회에의 부름인 전방개척지역을 향해서 선교의 방향성을 세계교회가 수용해야 될 때가 온 것이 아닌가 싶다.

3) 전방 · 개척 선교대상은 어디에?

필자는 기독교회/선교사와 세계 불신자들 사이에 존재하는 지리적, 언어 문화적 그리고 사회적 거리를 감안하여, 두 측이 느끼는 거리가 먼 공통지역을 전방개척선교의 우선대상임을 인식하고 각 영역 대상마다 차별적인 선교 접근 전략을 구사할 필요가 있다고 생각한다.

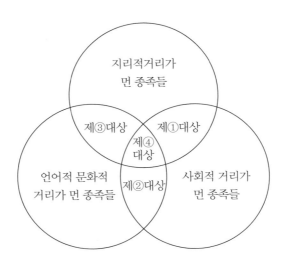

제①대상 : 이들은 언어 그리고 문화적인 면에서 거리가 가깝다는 점에서 동일 국가 또는 인근 국가내의 기독자원(교회, 선교사)이 Local Mission化 할 수 있는 방향으로 전략이 모색되어야 한다. 이 국가 안에서 일하고 있는 기존 선교사는 이점을 파악하고, 자신들의 선교 방향을 재설정하여 현지 교회와 공동 동반사역 선교를 추구함이 바람직할 것이다.

제②대상 : 이들은 대체로 한 국가 안에 존재하거나 적어도 지리적으로 가까운 곳에 기독교회와 기독교인이 존재하는 선교대상들이다. 필자가 이미 언급한 수마트라의 아쩨종족이 좋은 예이다. 이들을 선교하기 위해서는 초문화적이고 초사회적인 노력이 필요하다. 특별히 그 국가 내에 이 종족 집단과 친밀성이 다소 있는 기독교회 종족을 설득하여 이런 종족 집단 선교에 동원시켜야 한다. 이 국가내의 선교사들은 이런 대상 집단 선교를 현지 교회들과 토의하여 상황화 접근 전략을 모색하여 이 대상 집단 선교를 추구해야 할 것이다.

제③대상 : 이들은 지리 언어 문화적으로 멀리 있으나 사회적으로는 거리가 비교적 짧은 대상 집단들이다. 한 대규모 종족 집단이 역사적으로 분화하는 과정에서 지리적으로 떨어지게 되면서 언어 문화적으로도 멀리 떨어진 집단들이다. 몽골(외몽골)과 중국내 내몽골족의 경우가 그러하다. 다른 문자를 사용하고 있으며 정치적 국경은 그들을 지리적으로 더욱 멀게 하고 있다. 그러나 그들은 동족이라는 인식에서 사회적 거리가 거의 없는 편이다. 현재 외몽골에서 기독교회는 급속히 성장하고 있다. 이때 외몽골 교회는 내몽골 선교의 적합한 선교자원으로 떠오르고 있다. 이점을 외몽골에서 사역하는 선교사들이 인식하면 내몽골 선교의 새로운 전기가 도래될 것이다.

제④대상 : 이들이야말로 너무나 절망적인 상황이다. 세계 기독교회가 단합하여 이들 선교를 위한 돌파구를 공동 모색해야 할 대상이다. 세계 선교 역사에서 계속적으로 소외된 그들을 위한 용감한 개척자들이 많이 나와야 한다. 왜냐하면 이 대상이야말로 최후의 전방개척선교 대상 집단들이기 때문이다. 모든 위험을 무릅쓴 벤쳐 선교사들이 이 대상을 목표로 준비하고 나가야 할 종족들이다. 아마겟돈을 영적으로 해석한다면 바로 이 지대에서 최후의 아마겟돈 전쟁이 벌어질 것으로 전망된다.

5. 결어

현대 선교의 출발은 선교의 남은 과업 찾기에서부터 시작된다. 우리는 이 과에서 선교의 최전방이 어디인가에 대하여 현대인이 쉽게 인식하는 지역적 관점에서부터 종족적 관점 그리고 더 나아가 불가시적인 영역에까지 확대하여 그 과업 찾기에 나서고 있다. 그러나 지동설을 믿는 현대인들은 태양은 매일 동쪽에서 떠서 서쪽으로 진다는 표현을 하고 산다. 마찬가지로 현대 선교가 미전도종족 선교임을 주장하면서도 일반 성도들의 보편적인 인식인 '땅끝선교' 라는 표현을 인정하자고 필자는 제안하는 것이다. 그리하여 선교에 대한 인식을 지역에서 출발하여 종족 그리고 영역에 이르기까지 확대발전시켜보자는 것이다. 그런 점에서 선교의 전방은 계속 개발될 수 있는 것이다. 또한 선교를 인식론적인 관점에서 볼 때 사람들은 선교자와 피선교자와의 거리를 지역적으로 언어문화적으로 나아가 사회적인 거리로 이해하고 있다는 점에서 필자는 이것을 종합적으로 시도하여 남은 과업의 위치를 새롭게 가늠하여 보았다.

Modern Mission through People Window(I)

5

20세기의 탁월한 전략 선교의 결정판이 미전도종족 선교인바,
그 특성의 실제를 5장에서 잘 설명하고 있다. 특별히 필자가 몸 담았던
OMF 국제 선교부의 미엔 종족 사례 연구는 전략 선교 개발이
다양하게 전개될 수 있는 가능성을 보여 주고 있다.

5
미전도종족 선교 전략의 특성과 실제

1980년 에딘버러에서 열린 '개척선교를 위한 세계 협의회 The World Consultation on Frontier Missions'는 "2000년까지 모든 종족에게 교회를"이라는 구호를 채택하였다. 이 대회 이후 세계 교회와 교단들, 선교기관들은 공동으로 이 구호를 현실화하기 위해 진지하게 논의하기 시작하였는데, 이후 1982년 3월 시카고에서 로잔세계복음화 위원회가 소집한 22개 선교기관과 조사자들의 모임에서 성경에 근거한 '미전도종족Unreached People'에 대한 정의가 내려짐으로, 새로운 선교운동의 장이 열려지게 되었다. 오늘날 세계의 복음주의적 교회들은 미전도종족을 발굴하고, 그들을 시급히 전도하기 위한 전략 마련이 필요한 실정이다.

1. 전략이란 무엇을 의미하는가?

전략이란 단어는 원래 군대 용어로서, 적의 상황, 전력, 작전, 동태 여부에 따라, 그 상황에 알맞은 적절한 전체적 계획을 수립할 때 사용하는 단어다. 그런데 이 용어는 이제 일반 사회에서 더 폭넓게 사용되기 시작하였는데, 목적과 과제를 어떻게 달성할 것인가를 묘사하는 일종의 지도와 같은 전체적 계획을 의미하는 일반적 단어가 되어 버렸다.

우리가 의도하는 전략의 의미란 미래를 예측하고, 주요한 결정들에 있어 도움을 준다. 즉, 전략은 우리의 중심적 주제들에 집중하면서, 우리에게 방향 감각과 응집력을 제공함으로서 우리를 돕는 것이다. 우리는 또한 크리스천 커뮤니케이션 전략을 하나님의 계획과 우리의 계획을 조율하기 위한 계획의 과정이라고 정의할 수 있을 것이다. 데이튼Dayton과 프레이저Fraser는 "전략이란 우리로 하여금 하나님과 성령의 생각과 의지를 구하는데 집중하도록 하게 하는 것이다. 하나님은 무엇을 원하시는가? 어떻게 우리는 그가 원하시는 미래에 순응할 수 있는가? 전략이란 계획이나 목적들과 같이 우리가 믿는 미래와 그 미래에 도달할 수 있는 방도에 대한 우리의 신앙적 진술인 것이다"라고 주장한다(Dayton, Edward R. and Fraser, David A. 1980).

2. 잠언에서 하나님이 보여주시는 전략적 원리들

엥겔Engel과 노튼Norton은 교회들의 선교적 노력의 결과들에 관한 분명한 질문을 제기했다^{Engel, James F. and Norton, Wilbert H. 1975}. 이들은 교회와 선교를 위해 실시되어지고 있는 많은 프로그램들과 계획들을 보고난 후 슬픈 결론을 내린다. 그 슬픈 결론이란 교회의 사역들의 결과가 너무도 부실하다는 결론이었다.

이러한 결론을 내리면서 이들은 커뮤니케이션 전략의 실용적 원리들을 어떻게 효과적으로 교회의 복음적 사역에 이용할 것인가에 대해서 말하면서, 그는 철저히 정보조사에 기초한 전략과 성령이 인도하시는 전략을 주장하고 있다. 이들은 먼저 잠언에서 하나님이 보여주시는 전략적 원리들과 지혜들을 소개한다(Ibid., 39).

① 환경을 분석하라

"지식 없는 소원은 선치 못하고, 발이 급한 사람은 그릇 하느니라"(19:2) "슬기로운 자는 재앙을 보고 숨어 피하여도 어리석은 자들은 나아가다가 해를 받느니라"(27:12)

② 정보에 기초해 계획을 세우라

"사람이 마음으로 우리를 인도하시는 하나님께 의지하여 계획을 세워야 하느니라"(16:9)

③ 효과를 측정하라

"훈계를 지키는 자는 생명 길에 있느니라"(10:17) "자신의 실

수를 인정치 아니하는 자는 결코 성공치 못하리라"(28:13)

④ 결과를 분석하고, 필요하다면 계획을 바꿔라
"계획이 진행되는 것을 보는 것은 즐거우니라. 이는 미련한 자들이 그들이 틀렸을 때도 계획을 포기하기 싫어하는 이유 니라"(13:19)

잠언 이외에도 하나님께서는 언제나 전략적 체계를 가지고 일하셨음을 성경 곳곳에서 찾아 볼 수 있다. 하나님께서는 아 브라함을 모든 족속들에게 복을 주시기 위한 통로로 사용하시기 위해 그를 부르셨다(창 12:3, 갈 3:8). 또한 특수한 나라 이 스라엘을 부르신 것도, 특별한 시기에 특별한 의도를 가지고 부르셨음도 분명히 발견하게 된다. 또한 선지자들을 보내신 것도, 이들을 향한 하나님의 특별하신 의도와 전략이 있어서 였다.

또한 그의 아들 그리스도를 보내심도 역사의 특별한 시점에 특별한 의도를 가지고 보내셨던 것이다(엡 1:9-10). 특별할 사 명을 갖고 이 땅에 오신 주님은 소수의 특수한 사람들을 선택하 시고, 그들을 훈련시키고, 그들에게 특별한 사명을 부여해 보 내셨다(마 28:19-20). 즉 예수님께서는 예루살렘으로부터 시 작해서 유대와 사마리아와 땅 끝까지 이르러 복음을 전파하기 위해 소수의 무리들을 전략적으로 선택하셔서 훈련시키시고 양육하셨던 것이다(행 1:8).

3. 전략의 유형

데이튼Dayton과 프레이저Frazer는 전도 및 선교의 전략 유형을 다음의 세 가지로 나누면서 그 장단점을 비교하였다.

1) 표준 해결 전략Standard Solution Strategy

선교에 있어 특정한 방법이 한 시대에 아주 효과적이었기에 이것이 하나의 표준이 된 전략이다. 미국에서 빌 브라이트Bill Bright에 의해 개발된 4영리는 미국에서 아주 효과적이었기에 오늘날 C.C.C.는 전 세계에 복음전도의 무기로 4영리 표준 전략을 채택하고 있다. 그러나 이 전략의 문제점은 전 지역의 모든 사람들이 근본적으로 같다고 전제함으로써 문화적·사회적 상이성을 간과하고 있다는 점이다.

2) 성령의 인도 따라 전략Being-in-the-Way Strategy

어떠한 상황 속에서도 상상치 못할 방법으로 성령께서 인도하시기 때문에 모든 상황 속에서 성령의 인도하심에 따르자는 전략이다. 따라서 하나님의 선교에 있어 인간의 계획 또는 다른 그리스도인들과의 인간적 네트워크가 필요치 않다고 생각한다. 실제로 계획을 세우는 것은 때로는 성령을 거스르는 것처럼 여겨지기도 한다.

이 접근 배경에는 인간의 예견을 배제하는 것이 참된 영성이라는 개념이 전제되어 있다. 그러나 전도 및 선교 사역이 하나님과 그 사역자의 공동 사역이란 점에서 인간 사역자의 자발적인 의지와 순종 그리고 전략적 사고의 기여는 하나님 선교에 크게 이바지될 수 있다.

3) 그 상황에 맞는 독특한 전략 Unique Solution Strategy

이 전략은 하나님께서 과거 이스라엘의 상황 속에서 그들에게 허락하시고 개발케 하신 독특한 전략이 있었음을 인정한다. 그리고 신약 교회도 시대마다 또는 각 지역의 문화적, 사회적 특성에 따라 다른 전략을 구사했음을 인정한다.

이 접근은 앞의 두 전략 유형을 포용하면서도 각 종족의 상황과 문화적 상이성을 존중하여 그들의 상황에 맞는 전략을 찾아내야 한다는 개념이다. 즉 각 종족 집단 선교를 위한 성령의 간섭하심과 예비하심을 전제하면서도 그 종족 복음화에 가장 적합한 전략을 도출하는 사역자들의 노력을 포함시키는 것이다. 모든 족속을 향한 선교 접근 전략은 종족들의 상황에 맞는 독특한 유형대로 개발되어야 할 필요가 있으며 이것은 바울이 복음을 전하기 위하여 여러 모양이 되고자 했던 고백에서도 그 예를 찾을 수 있을 것이다.

데이튼과 프레이저는 종족과 문화는 부품을 상호 교환해 쓸 수 있는 표준화된 기계와는 다르다고 언급하면서, 전략은 우리가 접근하는 사람들이 서로 다른 것처럼 각각 독특하게 나타나야 한다고 주장하고 있다.

4. 전략의 순환 모델

1) 전략적 사고 모델

전략적 사고를 교회의 목회와 선교 사역에 적용할 때, 원형의 전략 발전 모델Circular Planning Model을 사용하면 대단히 도움이 된다. 이 모델은 데이튼Edward R. Dayton에 의해 발전된 것이다. 로잔Lausanne 전략 연구 그룹과 협력해서 데이튼은 복음전도와 기독교 선교에 있어 이 모델을 이용해서 전략에 대한 이해와 적용에 대한 중요한 통찰과 이해를 제공한다. 이러한 이해들과 함께 여러 도움이 되는 책들과 시각, 청각적 자료들은 선교사들과 교회 목사들, 다양한 훈련 기관에서의 학생들에게 전략적 사고를 할 수 있게 하는데 도움이 되는 것이 사실이다.

2) 선교 정탐 및 전략의 간편 모델

한국 미전도종족입양운동본부KAAP는 선교 정탐 및 전략 시행의 경험을 기초로 하여 다음과 같은 7단계 단순 모델을 개발하였다.

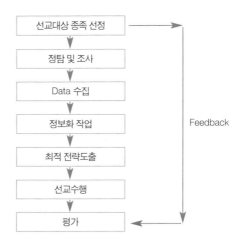

5. 미전도종족 선교를 위한 전략

1) 선교전략의 패러다임 이동

우리는 지난 선교역사에서 선교사 또는 선교사 파송기관(교단 선교부 또는 해외 전문선교단체) 중심의 선교전략을 추구해 왔다. 이로 인하여 오늘날 선교지에서는 엄청난 중복투자와 비효율적 선교가 큰 문제로 대두되고 있다.

오늘날 이 문제를 해결하기 위해 선교 전략가들은 미전도종족이라는 선교의 구체적 대상을 선정하여 그 종족 내 하나님의 토착 교회가 세워지는 것을 목표로 모든 선교 종사자들이 협력하는 새로운 전략을 제시하고 있다. 이것은 선교 중심의 이동

Paradigm Shift in Missions 으로, 선교사 또는 파송교회 지향적 사고에서 미전도종족 지향적 선교 사고로의 전환을 의미한다. 또한 이제 는 각 선교 파송단체 중심에서 전 세계 영적 전투 전선 형성 관 점으로 이동하여 역할분담을 통한 선교수행 전략으로의 이동 이 요구된다.

2) 전 세계 전투지 개념의 시각 개발

서기 2001년에 전 세계 인구 구성은 성경을 믿는 그리스도인 1인당 7명의 불신자 비율의 분포를 보인다. 다시 말하자면 지 구상의 전도 가능한 모든 그리스도인이 자기 생애 중 7명에게 전도 또는 선교하는 운동을 벌인다면 세계 선교는 신속히 진행 될 것이라는 전략 접근이 그 첫 방법이다.

둘째로 세계는 WTO(세계 무역기구)체제이후 국가 간 상품 및 자본뿐만 아니라 노동력의 이동도 급증하게 되었다. 한반도 밖에 사는 디아스포라 한국인만 하더라도 600만 명이 넘는다. 이들 중 그리스도인이 25%라고 추정하면 150만 명의 그리 스도인이 해외에 있으며, 그중 2/3는 오늘날 한국교회가 선교 지로 여기는 곳에 배치되어 있다. 그들이야말로 진짜 자비량하 고 있는 그리스도인들이다. 이들을 선교 동원화 시키는 전략이 시급하다. 한국 교회는 지금까지 창의적 접근지역에 선교사로 내보내려고 갖은 노력을 다하였으면서도, 이미 그러한 곳에 비자

문제없이 그곳의 언어 및 문화에 적응하고 살고 있는 100만 명의 유력한 선교인력을 사장시켜 온 셈이다.

선교의 코페르니쿠스적인 발상의 전환이 아쉽다. 잠자는 그들을 선교에로의 깨움과 훈련 그리고 선교 사역에로의 초대가 절실하다.

이것을 뒤집어 생각하면 미전도종족 집단이 경제적 이유로 기독교인이 많은 지역으로 취업을 한다면 이 또한 새로운 선교 기회가 생겨나는 셈이다. 한국에 온 수많은 미전도종족 출신의 외국인 노동자들이 좋은 예일 것이다. 그들은 교회가 수없이 많은 한국 땅에 와서 한국 그리스도인들로부터 복음을 들을 수 있는 기회를 맞게 된다. 한국 교회와 그리스도인들은 이러한 기회를 놓치지 않아야 한다.

3) 사례연구: 미엔Mien종족을 대상으로 하는 선교전략의 수립

우리는 흔히들 선교사를 국가 단위로 파송하고 있다. 따라서 파송 받은 선교사는 종족선교사가 아닌 인도네시아 또는 중국 선교사 등으로 자신의 정체성을 이해하고 있다. 그러나 예수께서 명령하던 대로(마 28:19) 종족/족속 단위로 선교사를 파송한다면 사뭇 다른 그림이 나온다.

예를 들어 인도차이나에 있는 미엔Mien 종족을 대상으로 홍길동 선교사를 파송하여 보자. 우리는 홍선교사를 파송하기 이전에 미엔 종족을 간접 리서치 또는 현지 정보를 통해 다음과 같은 데이터^{Data}를 얻는데 어렵지 않았다.

3-1) 리서치 Data

① 인도차이나의 수백 종족 중 한 종족 집단으로 미엔 종족이 있다. 태국에서는 이들을 야오라고 부르기도 한다.

② 이들이 6개 국가에 흩어져 살고 있다: 이들이 근대 정치 국가의 타의적 경계선에 의해 나누어졌을 뿐 아직도 이들의 언어를 사용하며 독특한 그들만의 문화를 형성하고 있다.

③ 이들의 인구분포를 보면, 중국에 60만 명, 베트남에 38만 명, 라오스에 8만 5천명, 태국(북부)에 4만 2천명 그리고 미국과 프랑스에 각각 2,500명으로 나타난다. 프랑스는 옛 인도차이나 식민 종주국이었는데 당대에 유학 및 Business 이유로 정착했던 미엔 족속의 후예가 현재 2,500명쯤 거주하고 있다. 월남전 때에는 일부 미엔의 용감한 젊은이들이 미국에 의해 용병으로 참전했었는데 미국 패전 후 이들의 인명 보호 차원에서 미국 정부가 약 1,500명을 미국 본토로 데려갔다. 그 후예들이 지금도 캘리포니아 주 등에 살고 있으며 현재는 2,500명으로 추산한다.

재미있는 사실은 북부 태국, 미국 그리고 프랑스에 있는 미엔족속 내에 미엔 종족 교회가 존재하며 점차 활기를 띠고 있다는 것이다. 그러나 중국과 베트남, 라오스에 있는 Mien 족속

들은 극히 일부 그리스도인을 제외하고는 선교의 도움을 필요
로 하고 있다.

3-2) 가능한 전략 모델 설정
① 도약대Spring Board전략
OMF는 메콩 강의 17개 종족 집단을 선교대상으로 선정하여
소위 도약대Spring Board작전을 펼치고 있다.

태국 북부는 선교사가 비교적 자유롭게 활동할 수 있고 인근
지역으로 도약하기 쉬운 장소이다. 홍길동 선교사는 이곳에 도
약대를 설치하여 중국, 베트남 그리고 라오스의 Mien 종족 복
음화를 위해 태국, 미국, 프랑스에 있는 미엔 족속 교회와 연계
하여 선교할 수 있는 전략을 수립할 수 있는 것이다.

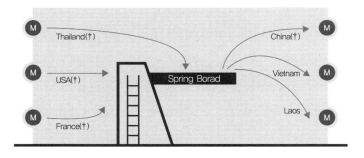

② 미엔 종족 입양전략
입양 전략을 중국, 베트남 그리고 라오스에 있는 미엔 종족을

대상으로 한다면 다음과 같은 2종류의 전략이 가능할 것이다.

A Type

싱가포르의 한 교회가 중국의 미엔종족을 입양하고,

Guam의 한 교회가 베트남의 미엔종족을 입양하고,

한국의 한 교회가 라오스의 미엔종족을 입양하는 방법이다.

B Type

다소 획기적 방안인 이것은 한 나라의 미엔 종족교회가 타국
에 있는 미엔 동족을 입양하는 방법으로 태국의 미엔종족 교
회가 중국의 미엔 종족을 입양하고, 미국의 미엔 종족 교회가
베트남의 미엔 종족을 입양하고, 프랑스의 미엔 종족 교회가
라오스의 미엔 종족을 입양하는 방법이다.

③ 새로운 창의적 전략

위의 두 가지 Type을 전략적으로 Mix하는 방법으로 제 3의
독창적인 전략 사고를 개발해 보자.

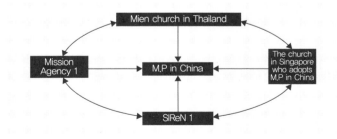

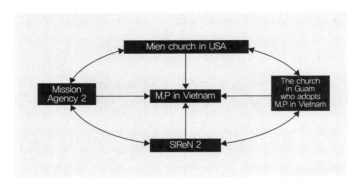

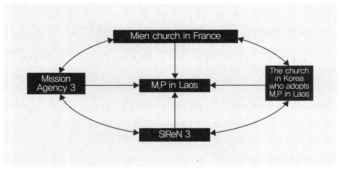

　위 그림은 중국 베트남 그리고 라오스에 있는 미전도된 미엔 종족 복음화를 위한 복합적 입양 작전과 팀 Spirit이 감안된 종합적 전략으로 미엔 종족 복음화를 위한 Unique Solution(독특한 해결)전략이다.

　이때 우리는 SIReN이라고 하는 새로운 형태의 선교사역자에 주목할 필요가 있다. SIReN은 Strategic Information Research Networker의 첫 글자들을 따서 만든 단어로 글자 그대로 전략정보네트웍 선교사를 의미한다. 우리의 홍길동 선교사가 미엔 종족을 복음화 시키기 위한 최적의 전략 사역자 형태가 바로 SIReN일 수 있지 않겠는가!

이때 홍선교사는 국가 단위 선교사(즉 중국 또는 베트남 선교사)라고 말하기보다 미엔 종족 선교사로서 거주 또는 비거주 형태로 사역할 수 있는 선교사가 된다. 이것은 종래의 고정된 개념을 뛰어넘는 획기적 형태의 선교사가 된다.

홍선교사는 미엔 언어를 배워야 하지만, 여행을 위해서 간단한 현지어 또는 영어를 배우는 것도 도움이 될 것이다. 그리고 그의 정보체계 중심은 그의 E-Mail 주소인 hongkildong@nuri.net이 되어 미엔 종족을 위한 선교정보 고속도로를 놓을 수 있을 것이다. 미엔 종족을 위한 Homepage를 통해서도 다른 사역자들과의 정보교류가 쉽게 가능할 것이다.

④ 네트워킹^{Networking}전략

상기 언급된 홍길동 선교사는 SIReN의 기능 중 Networker로서의 역할도 하는 것이다. 즉 홍선교사는 6개국 미엔 종족들 전부를 방문하면서 그가 모은 정보를 나누면서 미엔 종족 교인들을 선교에 동참시키는 것이 아주 전략적인 것이다. 이러한 전략적 사고는 네트워킹의 초보적 개념인데 모든 선교 당사자들에게 적절한 정보 나눔과 교제 및 동역의 연결 끈을 잇는 것은 아주 전략적인 접근이라고 말할 수 있다.

네트워킹이란 원래 동종 분야에 종사자들의 정보교환에서 시작하였는데 오늘날은 인터넷 시대로 해서 더욱 광범위하게 사용되고 있다.

상기 3개 그림에서 중국, 베트남, 라오스 3개 Mien 종족을 위해 헌신한 선교단체 즉 Agecy 1, 2, 3 간에 그리고 선교사 즉 SIReN 1, 2, 3간에 네트워킹이 존재할 수 있으며 경우에 따라서 홍길동 선교사가 SIReN 1, 2, 3의 역할을 혼자서 다 감당할 수 있는 것이다.

이때 홍선교사는 미엔 종족 복음화를 위해 새로운 타입의 선교사로 태어나는 것이다.

6. 종족 관점에서 보는 도시 선교 전략

1) 서론

20세기 말과 21세기 초는 미전도종족 선교 이슈가 단연 돋보이고 있다. 그것은 1980년대 미국 내에서 미완성 과업The Un-finished Task에 대한 구체적 사역이 미전도종족 선교로 귀착되었기 때문이다. 따라서 지금까지 10/40창문 개념 및 관련 창문 개념(예: 10/10창, 알타이 창, 북아프리카 창 Spring Board 창

등)의 제시 및 이 영역 안에 있는 미전도종족 선교 전략 개발이 활발하게 진행되었다. 이것은 미전도종족 입양 전략으로 구체화되었다.

미전도종족 선교 이슈와 별도로 관심을 끈 것은 도시선교에 대한 재발견이었다. 도시 선교는 현대 선교의 한 부분이 되었고, 이에 관련한 전략 개발 또한 쏟아지게 되었다. 그러나 필자는 많은 도시 중에서 소위 관문도시Gateway Cities라는 개념을 미전도종족 선교와 접목시키고자 노력하였다.

2) 도시선교의 패러다임 전환

2-1) 도시선교의 옛 패러다임Old Paradigm

도시선교는 최근의 선교적 경향이 아니라 이전에도 있었으며 그 연장선상에서 현대 도시선교가 진행되고 있었다. 해안선 선교 시대에는 해안의 주요 항구 도시가 중심이 되었고, 내지 선교 시대에는 내지의 중심 도시가 역시 그 역할을 감당하였다. 따라서 개신교 선교 200여 년의 첫 출발이 도시였고 지금도 도시는 가장 활발하게 선교가 전개되고 있는 곳이다. 다만 현대 도시 선교는 도시 빈민과 같은 특정 집단에 초점Focus을 맞춤으로서 도시 전체를 파악하는데 약점을 지니게 되었다. 도시선교 전문가인 비브 그릭Viv Grigg 등 많은 선교사들이 그동안 이 분야에서 공헌을 하였고, 오늘날 도시선교 하면 도시 내 특수 소요

계층 선교를 많이 떠올리게 된다. 그러나 우리는 도시 전체를 선교대상으로 파악하기 위해서 계층별 접근 전략을 구사해야만 한다. 도시를 사회 계층별로 구분함으로서 도시 내 빈민층을 비롯한 특수 계층뿐 아니라 다양한 계층에게까지 복음을 전할 수 있는 전략을 개발 할 수 있기 때문이다.

2-2) 도시 선교의 새 패러다임New Paradigm

필자가 도시 선교의 새로운 시각을 갖게 된 것은 결코 우연이 아닌 듯싶다. 1985년 필자가 인도네시아에서 순다 종족 교회를 섬기면서 종족 개념 선교를 깨닫게 되었다. 또한 인도네시아와 그 모든 주요 도시 거민을 여러 종족의 모자이크로 보게 된 사실이다. 이것은 맥가브란의 「교회성장이해」란 책에서 다시 한 번 확인하게 되었다. 그리고 지난 20여 년간 미전도종족 선교 사역을 하면서 많은 선교지 분석을 거친 후 도시에 대한 새로운 접근을 하게 되었다. 즉 그것은 도시를 종족 프리즘으로 보게 된 것이다. 실증적 분석을 통해서도 이것은 확인되었다. 도시화 현상으로 우리의 선교 대상종족Target People Group인 많은 미전도 종족들이 모집단(원거주 집단)이 있는 시골, 정글, 산지 등으로부터 이미 도시로 유입되고 있는 것이다.

따라서 오늘날의 도시는 인근 여러 종족들의 집산지가 되었고, 그들은 일정 주거지에 거주하는가 하면, 결집력이 약해 도시 내 흩어져 거주한다 하더라도 그들간에는 사회적 관계망^{Social} Network이 눈에 보이지 않게 형성되어 있다. 그들은 그들끼리 모일 때 그들의 언어와 문화를 매개로 하여 그들의 결속력을 강화시키고 있으며 이 사실은 새로운 것이 아니다. 다만 이들의 존재 자체에 선교사들이 관심을 기울이지 않는데 문제가 있다. 도시 전체를 동일 색깔의 유리로 보는 사고가 이들의 참 모습을 보지 못하게 막고 있다.

3) 관문도시 의의와 그 전략적 의미

3-1) 의미

관문도시는 AD2000운동 전개 과정에서 1995년 세계 선교 전략회의^{GCOWE 95}를 계기로 많이 소개된 개념이다. 우선 관문도시는 인근 미전도종족 집단으로 들어갈 수 있는 현관 역할을 한다는 의미가 강하다. 또한 여러 도시 중 기독교적 수용성이 높거나 이 도시를 통해 목표^{Target} 도시와 친밀성을 갖고 있는 도시 또는 집단에의 중간 산파 역할을 하는 도시의 의미도 띠고 있다. 따라서 관문^{Gateway}이란 단어는 도시 외에 종족 집단에도 적용함으로써 그 의미의 다양함을 추구할 수 있다. 즉 관문종족이란 A, B, C 세 집단이 모여 있을 때 Target종족이 C일 경우 C종족의 친밀 관계인 B종족(A종족은 친밀성이 낮거나 적대적 관계에 있을 경우)이 관문종족일 수 있는 상대적인 의미를 갖는다고 볼 수 있다.

3-2) 전략적 의의

관문도시를 인근 지역 및 종족의 축^{Hub}개념으로 보면 이 도시의 전략적 의미가 생성된다. 이곳에는 자연히 여러 종족에 대한 정보 및 정보원을 쉽게 확보할 수 있는 이점이 있다. 그리고 선교사의 안전^{Security}이 더 확보되며, 선교사 신분에 대한 오해도 줄일 수 있는 피난처 역할도 한다. 따라서 이곳에 미전도 종족 선교 기반^{Base}을 구축한다면 보다 전략적 사역을 수행 할 수 있겠다. 이에 대한 전략적 대안을 다음과 같이 제시해 보고 싶다.

4) 관문도시를 통한 선교전략들

4-1) 창의적 접근지역을 여는 벤처 선교

세계적인 벤처기업$^{Venture\ Capital}$이 점차 중요해지고 있다. 빌 게이츠$^{Bill\ Gates의\ Microsoft}$사는 그 대표적인 예이다. 한국 정부도 이에 발맞추어 벤처 창업을 적극 지원하고 있다. 선교에 있어서도 벤처 선교$^{Venture\ Mission}$이 필요하며, 벤처 선교는 미완성 선교완수를 위한 창의적인 모험개척선교이다. 조직은 최대한 소규모로, 연구는 깊이, 그리고 선교지 지향적인 개척선교형태라고 정의할 수 있다.

벤처 선교의 3개 영역을 들어 벤처선교 사역자의 예를 다음과 같이 들어본다.

① RM^{Research Missionary}

전문인 정보전략네트웍선교사가 관문도시 내에 미전도종족의 상황에 맞는 선교접근방법을 개발하여 동원한다.

② CM^{Campus Missionary}

관문 도시 내에 대학의 미전도종족 출신의 엘리트들을 제자화함으로 복음의 영향력을 가져온다. 이때 선교대상은 불특정다수 대학생이 아닌 어느 종족 대학생을 목표로 하며, 해당종족 크리스천 펠로우십을 만드는 것을 우선 과제로 한다.

③ BM^{Business Missionary}

창의적 개발지역에 3M선교사들의 선교Base를 마련하고, 후속 선교사들의 통로가 된다. 목표하고 있는 미전도 종족과 연관된 비즈니스를 펼치면서 제자양육 등 구체적 사역을 전개한다.

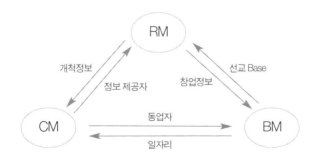

4-2) 관문도시 내에 미전도종족 선교 그리고 모집단(원거주지 집단)과의 다리 만들기 전략

모든 종족집단은 그 모집단이 있는 지역이 있다. 그곳은 의외로 보수적이며, 기독교 복음에도 상대적으로 저항적이다. 그러나 이들 중 경제, 교육 등의 이유로 관문도시로 이주한 자는 소위 Anomie적 문화충격 현상을 일으키게 된다. Anomie(사회적 무규범)상은 그들의 기존 종교적 질서를 흔들게 되어 있어 상대적으로 타종교에 개방적이 된다. 따라서 도시로 이주한 미전도종족집단은 복음에 대해 반응을 보이고 있는 실증적 분석이 인도네시아의 반둥, 중국의 북경 등에서 이루어져 그 개연성이 증명되고 있다.

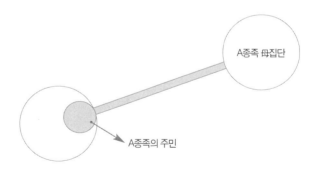

전략적 교회 개척은 우선 관문도시 내 특정 미전도종족 교회 설립이다. 이를 위해서 리서치 및 중보기도 사역이 필수적이다.

종족 교회가 개척되면 이 교회는 교회 멤버를 통해 다리 놓는
작업을 하게 한다. 그리고 궁극적으로 모집단에 교회 개척 등
을 도모하는 것이다.

4-3) 책임분담 전략

현재 한국 선교사 상당 부분은 도시에서 사역하고 있다. 그리
고 중복투자의 몸살과 출혈 경쟁으로 한 도시 내에서 여러 잡음
이 들려오고 있다. 이에 대한 필자의 제안은 다음과 같다.

전체 시각을 갖고 한 종족을 통한 전 국가 선교 전략을 개발
하자는 것이다. 즉 도시 내 가, 나, 다, 라, 마 선교사가 있다고
하고, 그 도시 내에 종족집단 A, B, C, D, E 라고 하자. 그렇다
면 5명의 선교사가 5종족을 분담 책임 맡아 사역하는 시스템의
전환 사고이다.

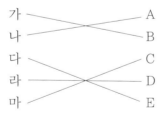

이렇게 하면 경쟁체제에서 협조체제로 전환될 수 있고 중복
투자를 배제할 수 있다. 그리고 5명의 선교사를 그 도시 내 종

족 단위 교회를 세우고 이 교회로 하여금 그 모집단에 이르는 하나님의 다리 건설에 동원시키는 일이다. 이렇게 분담이 되면 공동 투자 사역인 신학생 교육 등의 연합 사역도 자연스럽게 가능할 것으로 사료된다.

4-4) 확대된 Adopt-A-People의 전략

전술한 책임분담 전략은 한 선교사가 한 종족을 분담 책임 선교한다는 점에서 입양 개념의 적용이다. 그런데 여기서 끝나지 않고 선교사는 자신의 파송 또는 지원교회로 하여금 해당 종족을 입양토록 권고하여 다음과 같은 모델을 개발하도록 한다. 이때 그 선교지 국가 내에 있는 전도된 종족집단교회 또는 선교적인 호의교회로 하여금 공동 입양토록 하는 것도 바람직 할 것이다.

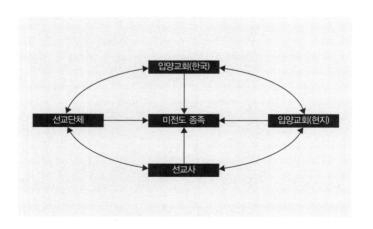

상기와 같은 통합 시스템은 선교를 공동과업으로 여기고 추구하는 기독교적 정신의 실현이란 점에서는 의의가 클 것이다.

5) 새로운 타입의 선교사 만들기 전략

21세기는 새로운 술을 담기 위해 새 부대를 필요로 할 것이다. 21세기 선교는 기존 선교사 개념을 뛰어넘는 발상의 전환이 필요하다. 이에 대한 좋은 사례로서 한국에서 개발된 전략정보네트웍 선교 및 선교사(SIReN) 개념일 것이다.

전략정보네트웍 선교사들은 지역교회와 선교지에 대한 정보, 전략, 기획의 사역연결망 협력자Ministry Network Cooperator로서 활동하며 지역교회 뿐만 아니라 현지에서 사역하고 있는 선교사들에게도 매우 중요한 실질적인 도움을 줄 수 있게 된다.

전략정보네트웍 선교사의 역할과 사역은
① 종족과 도시자료의 수집, 연구조사(research)와 분석(analysis).
② 해당 종족 내 교회개척에 적합한 최적의 사역형태 개발.
③ 연구조사자료를 토대로 한 체계화되고 다양한 기도 정보의 도출과 공급.
　이제까지 연구되고 체계화된 리서치와 최적의 전략도출을 통해 보다 구체적이고 체계화된 기도 정보를 공급할 수

있게 된다. 따라서 본국 관련 교회내의 성도들로 하여금 미전도 종족 내지는, 목표로 하는 선교사역을 위해 효과적이고 지속적인 기도를 할 수 있게 하며, 그래서 궁극적으로 선교를 보다 활성화시킬 수 있게 된다.

④ 관련교회, 교단, 선교단체 관계자들과 현지 선교사와의 네트워크 형성, 협력지원사역.

이와 같이 전략정보네트웍 선교사는 목표로 하는 미전도종족 내지는 선교사역에 대한 전문가로 양성됨으로써 관련지역의 선교 목표를 구체적으로 조기에 달성할 수 있게 한다.

21세기 현대선교는 관문도시의 전략적 개념을 활용한 미전도종족 선교가 활발히 전개되고 있다.

필자는 기존 선교체제의 대전환을 주장하며 새로운 시스템 즉 선교의 분담책임Adoption 개념의 과감한 적용을 제안하였다. 그것은 일선 선교사의 종족단위선교의 결단과 한 종족 선교에의 재헌신을 요구한다. 나아가 이를 통하여 선교사 사회의 협력 시스템을 구축하자는 것이다.

그리고 선교사는 파송교회와의 협의를 거쳐 자신이 사역하는 종족을 교회가 입양케 함으로써 보다 효과적인 전략을 제안하게 되었다. 이것은 현지 기독교회가 입양선교에 동참하게 함으로써 선교시너지로 극대화시키는 제안이라고 주장하고 싶다. 이런 발상의 전환을 통해 우리는 21세기 선교 및 선교사의 새로운 모델을 창출할 수 있을 것이다.

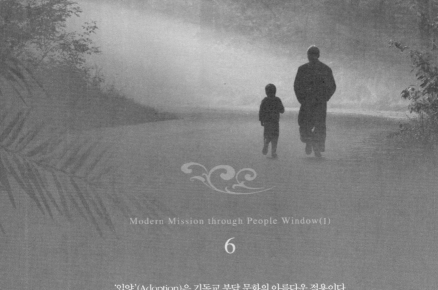

Modern Mission through People Window(I)

6

'입양'(Adoption)은 기독교 분담 문화의 아름다운 적용이다.
기독교 공동체가 몸의 비유를 통해 그 기능과 역할이
다르나 통일된 유기체란 점에서, 그 교회가 시행하는
현대 선교를 분담의 관점에서 적용해 본 탁월한 전략이
'한 종족을 한 공동체가 입양하여 책임지고 선교하기'이다.
이 입양 전략은 현대 세계 기독교회가 남은 선교 과업을
가장 빨리 달성할 수 있는 획기적인 방안이기도 하다.

6
미전도종족 입양(Adopt-A-People) 전략

1. 미전도 종족 입양에 대한 이해

"2000년까지 모든 종족에게 교회를" 이 구호는 1980년 에딘버러에서 열린 개척선교를 위한 세계협의회The World Consultation on Frontier Missions에 의해서 처음으로 사용되었다. 이 대회 이후에 수천의 지역 회중과 수백의 선교기관 및 교단 지도자들이 공동 연합으로 그 구호가 주는 밝은 소망에 대해 진지하게 논의하였고, 이후 1982년 3월 시카고에서 로잔 복음화 위원회가 소집한 22개 선교기관과 조사자들의 모임에서 미전도 종족에 대한 정의가 성경에서 기초하여 내려짐으로써, 잃어버린 자들을 찾으려는 선교운동의 새로운 장을 열었다.

종족People 혹은 종족집단People Group이라함은 스스로 하나의 공통된 친밀감을 인식하고 있는 개인들의 집단을 의미한다. 이를 복음화의 관점에서 본다면, 단일의 교회 개척운동으로 이해나 수용에 있어서 장벽에 부딪치지 않고 복음이 전파될 수 있는 가장 큰 집단이라고 할 수 있다. 따라서 우리가 미전도종족Un-reached People이라고 할 때에는 타문화권의 도움이 없이는 이 종족 집단이 복음화 되는 데에 필요한 만큼의 크리스챤 공동체가 하나도 없는 종족을 의미한다.

이들 미전도종족은 몇 가지 이유로 인하여 우리가 그들을 양자로 삼고 지속적인 복음화에 대한 관심을 베풀 필요가 있는데 그 이유를 살펴보면 첫째, 그들은 그들이 이해할 수 있는 방법이나 형태로 복음이 선포된 적이 없기 때문이며, 둘째로 그들은 그리스도가 구원에 이르는 유일한 길이라는 것을 모르고 있고, 셋째로는 그들 가운데에 교회가 없기 때문이고, 넷째로 그들의 모국어로 번역된 성경을 가지고 있지 않기 때문이다. 따라서 이러한 종족에게 복음을 전하기 위해서는 그들의 문화를 이해하여 그들이 이해할 수 있는 방법으로 복음을 전하며 궁극적으로는 그들 자신의 재생산 능력을 갖춘 교회를 설립하도록 지속적인 관심을 가져야 함이 필수적이다. 이러한 방법이 바로 입양Adoption이라는 단어로 사용되고 있는 것이다.

1982년 시카고 집회에서 논의된 이들 미전도종족을 위한 복음접근 단계를 살펴보면 우선 첫 단계는 신뢰할 만한 자료에 의해서 미전도종족을 검증Verified하는 단계다. 둘째는 관심 있는 외부의 크리스천이 이 종족에게 갈 결단을 할 수 있도록 평가 Evaluated를 하는 단계다. 이 단계에서는 종족 내에 복음이 전파된 어떤 흔적이 있는지? 성경의 유무, 수용성의 정도? 예수영화, 복음 음반의 여부 등을 조사하여 그 종족이 시급히 복음을 받아들일 필요가 있는지를 판단한다. 우리는 한 종족이 늘 저항적이지 않다는 것을 배웠다. 지금은 그 심령의 상태가 자갈밭이라 하더라도 선교사가 그 땅을 기경하러 들어가야 한다. 때가 되면 하나님께서 씨를 심을 수 있도록 하신다. 셋째, 선정Selected 단계로 종족에게 나갈 수 있을 만큼 준비된 교회나 선교기관을 선정한다. 넷째, 입양Adoption 단계로 교회나 선교기관이 선정한 종족을 위한 장기적인 헌신에 동의하는 것이다. 즉 그들을 고아사랑의 개념에서 내 자녀와 같이 지속적으로 관심을 가지고 돌보는 자녀사랑의 개념인 양자로 입양하는 것인데, 이 교회나 기관은 그들을 위한 정기적인 기도, 정보수집 및 공유에 힘쓰도록 해야 한다. 다섯째, 감행Engaged 단계에서는 자녀사랑의 개념을 가지고 직접적인 참여를 감행하는 것으로 여기에는 그들로 교회를 설립하게 하는 등, 현지 사역자들과의 협력이 포함된다.

이 미전도종족 입양에 대한 실례는 현재 미국 및 싱가포르 등지의 선교에 대한 열정이 뜨거운 나라에서 많이 발견된다. 이 미전도종족입양운동은 21세기를 바라보며 세계교회가 감당해야할 마지막 선교전략이라고 보는 선교전문가들의 견해가 지배적이다. 한국에서도 미전도종족입양운동본부Korea Center for Adopt-A-People Program가 1993년도에 발족되어 여러 복음주의 교단과 많은 선교단체들이 협력하고 있다. 한국교회가 이제 세계 속에서 감당해야 하는 역할을 생각한다면 앞으로 중점 적으로 나아갈 선교의 한 방향이 바로 이 미전도종족 입양이 라고 해도 과언이 아니다. 일찍이 백여 년 전에 한반도에 살 고 있던 미전도종족인 '조선족'을 복음화하기 위하여 미국의 수많은 선교사들과 성도들이 희생적인 투자를 감행하였기에 지금의 한국교회가 있게 되었다. 이러한 사실을 기억한다면 이제 한국교회의 시각이 미전도종족에게 돌려져야 함은 당연 한 것이다.

2. 세계교회의 공동목표와 분담 전략

민수기 34장은 하나님이 가나안땅에 가게 하실 뿐 아니라 전 쟁에 관한 하나님의 지혜가 전략임을 보여 준다. 민수기 13장 1-2절에서 하나님께서 자기가 인도하시는 땅을 탐지케 하는 명령을 모세를 통해서 내리신다. 정탐을 통해서 데이터가 수집 되고(리서치를 통해서) 결집되어서 정보information를 형성하고 이 를 토대로 전략이 수립된다. 하나님께서 선교정탐을 명하셨고, 이스라엘 백성들은 정탐 후 39년 만에 요단강 남동편에 도착 하게 된다.

1) 성경에 나타난 분담철학

민수기 34장 1-2절 드디어 하나님께서는 가나안 사방지경을 분할하셨다. 3절 "너희 남방은...." 6절 "서편경계는.." 7절 "북편경계는.." 10절 "동편경계는..." 13절 이하 여호와께서 요단강을 중심으로 동서남북 경계를 긋게 하셨다. 여기서 말씀하신 하나님의 정복전략은 선분할先分割 후정복後征服 전략이다. 또 다른 전략은 선정복先征服 후분할後分割도 있다. 어떤 것이 더 전략적인가? 하나님이 선택한 전략은 전자이다. 왜 그랬을까? 가나안땅 전체가 다 비옥한 땅은 아니었다. 요단강 서편 쪽이 기름진 땅이었다. 만약 선정복 후분할했다면 12지파들이 서로 좋은 땅을 차지하려고 싸웠을 것이다. 무대에서 배우들이 서로 좋은 것을 취하려 싸운다면 연극이 어떤 의미를 가질까? 선분할 후정복의 전략적 방법은 분담정복이라는 것이다. 레위지파는 정복전쟁에 직접 참여하지 않는다. 10등분해서 각 지파 별로 1/10 지역을 정복한다. 각 지파는 1/10을 책임지는 것이 십일조와 유사하다. 그리고 공평하게 하나님 앞에서 제비를 뽑는 방법으로 분담을 한다. 그런데 이 하나님의 전략적 방법이 오늘날 살아있는가?

한반도에서 사역을 했던 초기 개신교 선교사들은 한반도의 효율적 복음화를 위해서 선분할정책을 취하였는데 이런 시스템이 지역분할Comity system이다. 가나안 정복전략의 아이디어를 한반도에 적용한 것이다. 이러한 정책을 영구히 토착화시키는 것이 아니라 어떤 기간만큼만 주력하자는 것이다. 오늘날 한국 교회가 선교를 함에 어떤 부분에서 많은 실패를 하고 있는가? 현재 모든 교단선교부의 선교 대상은 전 세계이다. 한 족속 이스라엘을 세계 땅의 일부인 가나안으로 먼저 보내신 것은 하나님이 십일조를 설정하신 것과도 같은 것이다. 물론 하나님의 목적은 세계 선교였다. 십일조를 드리면서 십의 십조가 당신 것이라고 고백하는 것이다. 자기의 능력보다 정복해야할 대상이 광범위하다면 전략적인 것이 아니다.

2) 한국 선교사들의 배치 문제

오늘날 한국선교사들은 선교지에서 자신들이 평가하기에도 중복투자가 많다고 한다. 심지어 재배치까지도 거론한다. 그러나 실상 자신은 현재의 자리에 있기를 원한다.

어떻게 그런 현상이 있는가? 일부 선교사들은 현재의 선교지에 하나님의 소명을 받고 갔으니 누가 배치의 문제를 논할 수 있겠냐고들 한다. 그러나 선분할 후정복을 무시하고 무턱대고 가서 중복투자와 틀어진 인간관계로 힘들어하는 선교사들이 있다는 것이 현재의 상황이다.

선교사의 배치는 크게 전도된 지역에 있는 기존선교사들은 재배치하는 것과 신임선교사를 좀 더 미전도 된 지역으로 전략적으로 배치하는 것으로 나눌 수 있다. 후자는 문제가 적으나 기존 선교사들 재배치에 어려움이 있다. 이미 현 선교지에 언어와 문화를 습득하였음으로 다른 나라로 재배치된다는 것이 쉽지 않다.

3) 미국 선교계 재배치 사례

기존선교사가 재배치된 예로 남침례교 소속인 탐 다니엘^{Tom Daniel}선교사가 있다. 남침례교선교부에서 처음 재배치를 거론했을 때 캐나다, 필리핀, 한국에 있는 미국 선교사들의 반발이 있었다. 그러나 존 길버트를 비롯해서 선교부에서는 "담대함을 갖고 좀 더 미전도 된 지역으로 가는 전략"을 폈고, 대전에서 사역을 하고 있던 130명의 남침례교 선교사들은 6-7명만을 남기고 타국가로 재배치되었다. 다니엘선교사는 중앙아시아로 재배치되어 고려인 교회를 개척하고 사역을 했다.

4) 세계 교회의 전략적 선교 방안

하나님이 이스라엘 공동체에게 먼저 가게 하신 땅은 제한된 땅인 가나안이었다. 이스라엘 공동체는 소위 12지파로 구성된 집합체란 점이 흥미롭다. 세계 교회는 모든 나라에 있는 교회의 집합체이며, 한국교회는 한국의 모든 교단과 단체를 포함하는 집합체이다. 그렇다면 세계 기독교회는 이 지구상의 모든 종족(특히 미전도종족)에게 보내졌다.(마28:19,20) 그곳에 하나님의 교회를 세워야 한다는 공동목표를 갖고 있다. 그런데 모든 나라 교회가 세계 모든 미전도종족을 대상으로 선교한다면 엄청난 중복투자가 나타나며 이것은 십일조 정신에서 벗어난 즉 반反가나안적인 선교 전략이 된다.

　그렇다면 어떤 것이 성경적이겠는가? 한국교회를 포함한 모든 나라가 세계 미전도종족들이 기거하는 땅을 분담하는 길이다. 즉 각 나라 교회가 우선적으로 복음을 전해야 하는 땅들이 있다는 점이다. 이것을 확대 해석하여 한 나라 안의 교단 및 선교단체에게도 적용할 수 있다. 즉 한 교단 또는 한 선교단체는 세계 선교지 중에서 한 지역을 가나안 지역으로 설정하여 이 지역의 모든 족속을 복음화 시킴으로서 나머지 땅의 복음화도 (다른 단체를 통해 이룩되는 것이) 필요하다는 것을 하나님께 고백하는 것이다.

　세계교회는 한국교회, 미국교회, 유럽교회 등으로 이루어져 있다. 한국교회는 한국교회가 비교 우위적인 지역에서 우선하는 것이 좋지 않겠는가? 언어나 문화가 유사한 알타이 언어권 중국 문화권이 비교우선 지역이 될 수 있다. 미국은 중남미 문화권, 유럽교회는 북아프리카문화권 등이 비교우선 지역이다. 한국교회는 많은 교단과 선교단체로 집합되어 있다. 각 교단마다 상대적으로 우위적인 것이 있다. 이런 식으로 역할 분담을 하면 중복투자가 배제되지 않겠는가? ○○○교단 선교부에 필리핀 선교사가 너무 많으면 인도차이나 중동에 재배치시키는 것이다. 교단선교부도 많은 교회의 집합체이다. XX교회로 하여금

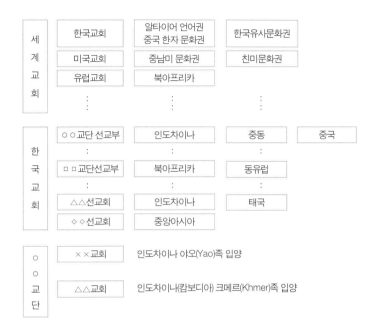

세계교회	한국교회	알타이어 언어권 중국 한자 문화권	한국유사문화권	
	미국교회	중남미 문화권	친미문화권	
	유럽교회	북아프리카		
	⋮	⋮	⋮	

한국교회	○○교단 선교부	인도차이나	중동	중국
	□□교단선교부	북아프리카	동유럽	
	⋮	⋮	⋮	
	△△선교회	인도차이나	태국	
	◇◇선교회	중앙아시아		

| ○○교단 | ××교회 | 인도차이나 야오(Yao)족 입양 |
| | △△교회 | 인도차이나(캄보디아) 크메르(Khmer)족 입양 |

인도차이나 야오(yao)족을 입양케 하고 ○○교회는 인도차이나
크메르(khmer)족을 입양케 하면 분담체제$^{comity\ system}$가 이루어지
는 것이다. 중복투자가 배제되면서 입양운동이 일어나게 된다.

5) 비교우위 이론의 선교적 적용

국제경제학에 두 분야는 국제 무역 론과 국제 금융론이다. 국
제 무역은 교역 수출, 수입인데, 한국과 인도네시아가 서로 교
역을 한다고 예를 들어 보자. 한국에서도 자동차를 생산하고
인도네시아도 자동차를 생산한다. 또한 한국에서 고무를 생산

하고 인도네시아에서도 고무를 생산한다. 한국에는 자동차 생산에 필요한 노동력, 원료, 기술 등 모든 자원이 있다. 예를 들어 한국 내에 있는 모든 생산자원을 동원하여 자동차를 생산할 때 100대를 만들 수 있고, 고무를 생산할 때는 1000톤을 생산 수 있다고 가정해보자. 인도네시아에서도 모든 자원을 동원하여 자동차를 20대를 생산하고, 고무는 900톤을 생산할 수 있다. 절대 우위 개념으로 보면 한국이 자동차 생산과 고무 생산 모두에서 절대 우위를 나타낸다. 따라서 절대우위개념으로 하면 무역이 일어나지 않는다. 그러나 전략적 가정으로 비교우위 개념으로 재고하면, 한국은 자동차와 고무를 비교했을 때 한국은 자동차를 인도네시아는 고무를 생산하는 것이 비교우위가 있게 된다. 한국에서 자동차 1대 생산비가 50$가 소요되고 고무는 톤 당 5$가 들고, 인도네시아는 자동차 생산에 200$, 고무는 톤 당 4.4$가 든다고 가정해 보자. 국제 무역은 양국이 모두 이익이 되어야 성립된다. 한국은 자동차 생산에 더 전념해서 인도네시아에 100$에 팔고, 인도네시아는 고무를 4.7$에 팔면 양 국가 모두에게 유익이 된다.

한 교단선교부가 세계 모든 지역에 다 절대 우위를 가질 수 있다. 미국 선교사의 수가 50,000명이 넘는다고 절대 우위가 있다고 할 수는 없는 것이다. 각자 모두 우리가 세계선교를 다 한다고 한다. 각각의 전문성이 있는데 선교단체나 교단이 비교

우위지역을 찾아서 전문적인 선교를 해야 한다. 가령 A선교회는 북아프리카 지역 선교가 취약한 반면, B선교회는 북아프리카에 선교사가 많다고 가정하면, 현지 관리를 B선교회로 위임하여 두 선교회가 컨소시엄을 형성하는 것이다. 한국 KWMA 내에 선교조정, 전략위원회를 상설하여 두고 전략적 배치를 논의해 보는 것도 권장할 만한 의견이다.

이상의 분담 전략은 어디나 가나안 설정의 본래 의미를 현대적 적용한 것이므로 기존의 다른 접근 방법을 배타시할 필요는 없다고 본다. 이스라엘에게도 가나안 땅의 족속들을 대상으로만 하는 것이 아닌 이곳을 출발점으로 인근의 미전도 종족의 중심 도시인 니느웨에게 나아가서 더 많은 족속에게 '가라' 고 하신 사실을 잊지 말아야 한다. 다만 필자가 위험하게 생각하는 것은 오늘날의 교단 선교부나 선교단체가 너무 가나안 지경을 넓게 설정하던가 아예 세계 전체를 대상으로 접근하는 방식이다. 이것은 십일조 개념대신 십의 십조를 드리겠다고 하는 방식이다. 이것은 바로 십일조의 정신을 왜곡할 수 있다.

3. 성경사례연구 : 이스라엘 12지파의 가나안 땅 분할정복 사례

이스라엘 12지파는 각각 가나인 땅을 분할 받은 후 그 땅에 거주하는 족속들과의 한판 전쟁에 직면한다. 여기서 우리가 얻을 수 있는 것은 선교지의 합리적 분할과 그 땅에서 영적 전투를 수행하는 것이다. 한국교회에서 우선적으로 감당해야 할 땅으로 알타이 언어권(일본, 중국 동북 3성, 몽골, 중앙아시아의 많은 나라, 터어키)과 한자문화권(중국, 인도차이나, 대만, 마카오, 태국)을 설정한다면 이것을 교단 및 선교단체가 분할할 수 있다고 본다.[1] 만일 한 교단이 상기 한국교회 우선 지역을 전부 가나안 지역으로 설정했다면, 이중 성과가 우세한 지역 또는 동교단 선교사가 많이 있는 지역을 우선시하여 좁게 가나안 땅을 설정할 수 있는 것이다. 그리고 그 지역 안에 있는 미전도종족 리스트(AAP리스트와 AD2000리스트)를 각 선교사들에게 분할하여 영적 전쟁을 수행케 할 수 있는 것이다. 그리고 분할 받은 선교사들은 해당 족속을 정탐하는 것을 시작으로 (민13:1,2) 그 사역을 시작할 수 있겠다.

그 땅의 분배 과정은 민수기 34장에 자세히 나오는데 우리는 이스라엘 지파들의 분배 경험을 참고할 수 있다고 본다. 그들

---

1) 맥가브란은 가족, 인척, 심지어는 유대인과 사업상 관계있는 이방인 관계자들이 바로 이방인으로 들어가는 작은 다리라고 보았다. 이러한 다리를 통해 연결되는 집단은 바로 (미전도 된) 족속집단(People Group)이었으며, 초대 교회이야기에서 팔레스타인을 휩쓸고 지나간 강력한 족속 운동을 보게 된다고 주장했다.(하나님의 선교전략/The Bridge of God, 맥가브란/이광순 p. 58,59) 이 말은 응용해 본다면 인종 언어문화적인 접근으로 구분되는 종족개념의 속성상, 한국 언어와 유사한 알타이 언어권 및 한자를 포함한 사각문화권, 유교문화권 그리고 지정학적으로 인근 지역에 분포하는 미전도종족 집단이야말로 한국교회가 우선적으로 건널 수 있는 다리가 있는 종족집단이라고 볼 수 있다.

은 제비 뽑는 방법을 사용했고, 11지파에게 그 분배 권한을 갖게 하였다. 그러나 레위 지파는 그 분할권에서 제외되었다. 필자는 레위지파가 모든 지파를 위한 서비스 지파라는 관점에서 현대의 선교연합기관을 생각해 보았다. 이들은 할당받은 땅은 없으나 각 지파의 몫에서 일부를 흔쾌히 내놓게 하여 그들로 삶과 사역을 가능케 했다(민35장1-8절). 따라서 레위지파처럼 세계선교 달성을 위한 선교연합기관의 역할과 그 위치가 확보되며 그들의 기여가 필요함을 인정해야 한다. 이 기관은 공평무사한 정신과 교단과 선교단체를 섬기는 기능을 주로 하며, 중복 투자를 피하는 조정자로서의 기능을 감당할 수 있다고 본다.

이상의 이스라엘 구성과 역할 분담에서 오늘날 우리가 확실히 배울 수 있는 것은, 첫째 명확한 가나안 땅 설정에서부터 시작하는 것이다. 이것은 세계전체 땅의 일부를 설정하는 것이다. 둘째, 그 땅의 미전도 종족은 리서치와 정탐의 방법으로 확인하고 그 족속에 하나님의 교회를 세우기 위해 나아가야 한다. 우선 우리 단체의 주력원을 그곳에 배치시킬 수 있다. 셋째, 이스라엘 지파의 분담원리에서 배울 수 있는 것은 설정된 가나안 땅을 또 세분하여 나누는 것이다. 각 지파는 그 땅에 대해선 전문가가 될 수 있고, 그 땅을 지키고 있는 사탄의 부하들과 영적 전쟁을 싸우는 것이다. 가장 좋은 예로서는 한 지역 교회가 한 종족을 입양(책임)하는 것이다. 그리고 한 선교사 가정이 한 종족을 입양(책임)하여 입양교회와 합심하여 교회를 개척하는 방법이 될 것이다. 한국교회의 한 선교사 가정이 한 종족씩 입양하고 한 입양교회가 중보기도 사역은 후원을 하는 시스템을 개발하는 것이다.

다음 그림은 한 미전도종족내 교회를 세우기 위한 삼발이 화로 그림이다.

종래에는 한국교회가 중심이었지만 이제는 미전도종족 선교로 미전도종족 중심으로 대상중심의 패러다임으로 전환되어야 한다. 그러면 한국의 교회, 선교회, 현지 협력교회와 쉽게 파트너십이 가능하다. 세 가지 발은 균형이 있어야 한다.

4. 기존 선교에 분담 전략을 적용할 때 예기되는 문제점과 그 해결방안

문1) 기존의 교단 및 선교단체에 가나안 지경이 이미 너무 넓거나 산만해 있다면 어떻게 할 것인가?

답) 선교사를 재배치하는 것이 한 방법일 수 있다. 바울 선교회가 이미 필리핀에서의 철수 작전을 시작하고, 선교사를 타지에 재배치시키고 있다. 만일 재배치가 어렵다면 해당 교단 또는 단체가 선교효율이 강한 지역을 우선 가나안 지역으로 선포하고 신입 선교사를 그곳으로 배치를 유도할 수 있다. 이때 가나안 지역 외에서 일하는 선교사의 항의를 받을 수 있다. 우정어린 설득이 필요하며, 그들에게도 계속 지원을 약속할 수 있다. 다만 그 곳 선교지 상황 판단을 본부에서 하기 어려운 만큼 그곳 지역의 전문 선교기관과 협력 계약을 맺어 그곳 선교사를 위탁 할 수 있다. 이렇게 함으로써 전략적 선교를 가능케 하고, 선교사의 목회적 돌봄Pastoral care도 기대할 수 있을 것이다.

문2) 가나안 지역선정은 선교단체에게는 쉽게 적용될 수 있으나 교단에게는 무리가 아닌가?

답) 선교단체가 Sodality의 성격을 갖고 있는 점에서 교단Modality보다 쉽다고 본다. 그러나 선교역사를 보면 많은 Modality의 적용사례를 볼 수 있다. 이미 기존 지역 설정에서도(한반도 경우 미국 남, 북장로교 및 감리교, 호주 장로교 등이 한반도 가나안 지역을 설정한 것은 좋은 예이다.) 교단선교부는 속성상 지역 전문선교단체보다는 가나안지경을 넓게 잡을 수밖에 없으나 어느 정도 한계를 설정하는 것이 요령이다. 동시 다발적 확장은 아주 위험하다. 따라서 점진적 확장을 권한다. 세계선교를 한 교단이 다 감당하겠다는 발상이 현재 중복투자의 원인임을 알아야 한다. 교단 선교부는 현재 자체 선교사들의 분포와 그들의 사역을 예리하게 평가 분석할 필요가 있다. 그리하여 각 교단, 단체마다 우선 선교지로 그들의 가나안 지역을 설정하자. 선교중요 지역이 불가피하게 2-3군데가 나타난다면 가나안A, 가나안B, 가나안C 지역 등으로 구분하고 우선지역(priority)설정의 지혜가 필요하다. 그 밖의 지역은 해당지역의 전문성과 그 지역을 가나안 땅으로 선포한 타교단선교부 또는 지역전문선교단체와 제휴하는 것이 바람직한 것이다. 이것은 쉬운 일은 아닐지 모르나 주님의 나라 관점에서 볼 때 반드시 극복되어야 할 과제이다. 선교지에서 보면 이것은 그렇게 불가능한 것도 아니며, 이미 많은 성공사례도 있다.

문3) 한 교회가 한 종족을, 한 선교사가 한 종족을 책임(입양)져야 하나?

답)꼭 그렇지도 않다. 큰 교회가 여러 종족을 입양할 수 있고, 2-3개 교회가 한 종족을 입양 할 수 있다. 그리고 한 선교사가 동일 지역의 2-4종족을 입양할 수도 있다. 종족 사정에 따라 조정될 수 있다. 다만 한 선교사가 한 종족을 위해 썩어지는 밀알이 된다면 그 효과는 지대하다. 역사를 살펴보면 독일선교사 Nomenson이 인도네시아 바딱종족을 위해 헌신한 결과 오늘날 종족인구 180만의 95%가 기독교인이며, 현재 바딱교단은 인도네시아기독교 최고 교단이 된것을 볼 수 있다.

5. 미전도종족 입양절차 및 방법

한 민족 이스라엘이 보냄 받은 땅은 가나안이었다. 축복과 사명이라는 2가지 의미의 땅이었다. 젖과 꿀이 흐르는 땅이자 미전도족속(종족)의 땅이었다. 이것은 현대 선교의 주자인 한국 교회와 그 지역교회에 적용하고자 노력하였다. 즉 新가나안땅으로 한국교회가 보냄을 받았다고 생각하였고 이를 적용한 것이 바로 미전도종족입양 선교운동이었다. 더 나아가 중복투자 없는 하나님의 선교를 성경적 원리에서 찾아보고자 하였다. 이 새로운 접근해석 방법에 대한 독자의 비판과 참여를 부탁하는 바이다.

1) 고아입양을 통해서 행각해 보는 미전도종족 입양운동

오사랑 집사님 가정은 결혼 후 10년이 지나도 아이가 없었다. 결혼 3년 후부터 지난 7년간 그들은 봉천동 소재 달동네 고아원을 정기적으로 찾아 고아들을 돌보았다. 1년에 3차례 방문하는 것이 그들의 성의였고, 교회 일이 바빠질 때는 크리스마스 때에 방문하는 것이 고작이었다. 그런데 어느 날 Holt 양자회의 방문을 받고 아이를 입양해 보지 않겠느냐는 제안에 잠시

망설였다. Holt 양자회 간사가 남기고 간 3명의 어린이 사진과 신상명세서를 바라보던 오 집사 부부는 일주일간 기도하게 되었다. 날마다 사진을 바라보던 그들에게 하나님은 감동을 주셨다. "너희들이 입양하지 않는다면 누가 이 아이들을 책임지겠는가?" 일주일 후 Holt 양자회에 전화를 거는 오 집사는 상기된 목소리와 함께 다소 흥분을 감추지 못했다. "박 간사님, 3명의 아이 중 길동이를 양자로 삼기로 결정했습니다. 오늘 중으로 찾아뵙고 입양 수속을 밟겠습니다. 우리 가족이 한 명 더 생긴다고 하니 흥분이 되는군요. 아내는 벌써 아기 옷을 사겠다고 시장으로 나갔습니다."

질문 1

고아 사랑과 양자 사랑의 차이점은 무엇일까요? 우리는 2000년간 고아 사랑식으로 선교해 왔다. 그러나 양자 사랑 방식으로 선교한다면 엄청난 관점의 변화가 온다. 무엇이 달라질까?

질문 2

고아 입양과 미전도 종족입양의 유사점과 다른 점은?

유사점

① 마음의 자세와 책임? 부모의 심정과 책임

② 선정 이후의 쏟는 사랑과 정성은 고아 사랑과 고아선교와 엄청나게 달라진다.

③ 언제까지? 성인이 되어 출가까지, 그 종족에 자생적 교회가 생길 때까지

차이점

① 고아 입양은 고아가 한 집안으로 들어와 삶의 패턴에 영향을 깊이 준다. 그러나 미전도 종족 입양은 그곳 사람들을 이곳 한국으로 데려오는 것이 아니라 그들은 그곳에 있으되 우리가 기도하고 정기적으로 방문하며 선교사를 파견하게 된다.

② 미전도종족입양은 이 종족의 다른 나라 선교부 또는 선교사의 활동을 허용하는 비독립적인 사역이다. 고아 입양이 소유와 책임을 강조한다면 미전도종족 입양은 교회개척 및 교회성숙에 더 관심을 갖는다.

2) 미전도종족 입양 절차

2-1) 미전도종족 입양운동을 이해시켜라

① 주일 오후 및 저녁 집회를 이용 전교인 대상 입양 세미나를 개최한다.

② 관련단체의 도움을 요구하던지 관련 자료 및 도서를 추천받으면 좋다.

2-2) 미전도종족 리스트 확보 및 선정

① 관심 지역 내에 있는 전략적 미전도종족을 추천받으라.

② 위원회 구성: 선교 위원회 또는 임시 위원회로(담임 목사, 당회원 1인, 집사 1인, 청년회 1인, 주일학교 교사 1인으로 구성되는) 5명의 입양 위원회를 구성한다.

③ 이 위원회는 기도와 함께 한 종족을 선정한다. 선정 후 당회의 의견을 거쳐 해당 종족 연구 팀을 발족케 한다.

2-3) 종족 연구 Team

① 연구 Team은 도서관 등 국내에서 얻을 수 있는 자료를 수집한다.

② 정탐조를 구성시켜 소정의 정탐훈련을 받게 하여 정탐시킨다.

③ 정탐보고. 이 때 중보기도의 동력화를 시도한다. 정탐 보고는 기도의 동력화. 미전도종족 입양의 기초이자 전부다.

2-4) 공식적 입양 예배

① 입양 서약서

② 교인들이 최대한 많이 참석할 수 있는 시간을 택한다. (주일 저녁예배/ 작은 교회는 주일 오전 예배)

③ 종족 내 사역 요인 선교사(또는 선교단체) 그리고 입양 본부관련자, 교단 지도자, 주변교회 사람들을 초청한다. 축

제 분위기를, 1년에 입양 날짜를 생일날로 정해 그 날을 특별히 지키라.

2-5) 기타전략들
① 다양한 교육 및 홍보
② 종족 양육 기금 조성
  – 주일 학교 아이들 저금통
  – 바자회
  – 예산 중 일부 할당
③ 목회자 및 선교 지도자의 정탐 여행

6. 종족 입양 사례

온누리교회는 성경 중심의 교회, 복음 중심의 교회, 선교 중심의 교회, 긍휼을 베푸는 교회, 예수 그리스도의 문화를 심는 교회라는 비전을 가지고 시작되었다. 특별히 교회의 사명을 선교라고 여기고, 선교하는 교회로의 비전을 가진 온누리교회는 그 동안의 해외선교를 Vision 2000/10000 이란 목표 아래 전개해 왔다. "다가오는 21세기까지 2,000명의 선교사와 10,000명의 평신도 사역자를 파송한다"는 이 비전은 우선, 전교인의 참여를 바탕으로 선교 공동체로서의 역할을 감당하기 위해 교회 안의 모든 영적인 자원들을 선교에로 동력화하며, 교회로 위임된 선교사 파송, 허입, 관리, 선교 재정 등의 모든 제반 사항을 관리 및 지원하며, 또한 대외적으로 해외선교 단체들간의 유기적인 협력 관계를 모색함으로써 세계 각 지역의 영적인 필요에 적절한 선교 지원을 위해서 노력하여 소속 선교사와 교회가 그리스도의 지상 명령을 성취하기 위한 효과적인 도구로 사용됨을 그 목적으로 한다. 96년 12월에 파송선교사 67명(38가정)과 협력 및 후원 선교사 123명(67가정)을 섬겼으며, 2000훈련원을 통해 계속해서 선교 헌신자들을 배출하고 있다.

그러던 중 온누리교회의 선교방향이 97년도를 기점으로 더욱 분명하고 가시적으로 드러나게 되었다. 바로 '미전도종족 입양'에 관심을 갖고, 온 교회적으로 미전도종족 입양을 결의한 것이다. 그 결과, 1997년도 10월 창립 11주년 기념예배와 함께 여덟 종족을 입양하게 되었다.

1) 선교방향의 새로운 전환점: 미전도종족 입양선교

선교 담당목사는 1995년 가을경 담임목사님과 앞으로의 이천만(비전 2000/10000) 선교방향에 대해 여러 가지 전략과 방향을 의논하는 가운데 "아직도 복음을 들어보지 못한 종족이나 민족이 1만 2천이나 있는데, 우리 2천 명 선교사들이 이들 민족들을 대상으로 그 안에 들어가든지 아니면 적어도 그 변두리나 부족 주변에 모두 파송되는 것이 어떻겠는가?"라는 제안을 받았다. 그때 이는 너무 엄청난 규모요 생각지도 못했던 방향이라 그저 들어만 두었다. 그러던 중, 1996년 초에 '한국미전도종족입양운동본부'를 방문할 기회를 갖게 되었다. 거기서 미전도종족이 무엇이며, 세계적인 현황이 어떠한지, 그리고 오늘날 이러한 선교방향이 왜 중요한지 등을 알게 되었다. 이 일을 계기로 온누리교회 이천만 사무실에서 '미전도종족'이라는 용어가 쓰이기 시작했다. 그리고 '지구상에 흩어져 있는 1만 2천 미전도종족에게 누군가 찾아가 복음을 전하며, 믿고 변화받는 이들을 양육하고 훈련하여 이 종족 가운데 교회가 세워지게 하며, 나아가 이 교회가 그 종족을 책임 맡고 복음 전파의 사명을 감당하도록 해야 되지 않겠는가?'라는 부담과 책임감이 묵직하게 다가오기 시작했다.

2) 정탐대를 조직하다

이렇게 시작된 미전도종족 입양선교의 비전은 해외선교위원회 소속의 청년들과 부담을 함께 나누면서 교회 속으로 더욱 확산되었다. 이즈음에 미전도종족 입양운동 본부(AAP)에서 1년에 두 차례 실시되는 선교정탐훈련에 해외선교위원회에 소속된 13명의 청년들을 보내게 되었다. 이들 13명은 12주간의 정탐훈련을 통해서 미전도종족 선교의 성격적 기초 및 개념적 이해와 역사적 발전과정, 지역교회와 미전도종족 입양선교, 미전도종족 연구의 방법론적 기초가 되는 지역연구 방법론, 문헌

조사를 비롯한 사회학적, 인류학적 연구 방법 등을 통한 종족 프로파일 작성 및 실습, 정보화 전략 등을 배웠으며, 국내실습을 통해 이러한 훈련을 자기의 것으로 소화시키는 작업을 거쳤다. 이 13명의 청년들이 미전도종족에 대한 개념과 종족입양 및 정탐에 대해 구체적으로 배우게 된 것은 이후 실제적인 입양에 이르는 커다란 매개체 역할을 하게 되었다. 13명의 청년들이 훈련을 마치자, 이들은 중보기도하며 정탐준비에 들어갔다. 먼저 AAP의 도움으로 정탐 가능한 여덟 종족을 선정했다. 다음으로 훈련을 받은 13명은 한두 명씩 각 팀의 리더가 되었고, 그 외 해외선교 청년들 38명이 정탐에 참여하게 되었다. 각 팀들은 일차적으로 국내에서 종족에 대한 자료들을 모았으며, 이것을 바탕으로 종족프로파일의 초안을 마련하고 현지정탐 준비에 들어갔다. 또한 정탐훈련을 직접 받지 않은 정탐대원들을 위해 AAP로부터 정탐에 관한 특강을 몇 차례 듣기도 했으며, 합숙하면서 팀워크를 다지기도 했다. 이렇게 준비된 정탐대들은 1996년 7월에서 8월에 걸쳐 종족 정탐에 들어갔으며, 비디오, 슬라이드, 사진, 지도, 종족의상, 각종 자료 등을 통해 정보를 수집했다.

정탐 후, 각 종족의 프로파일이 작성되었으며, 교회의 선교위원들과 장로, 목회자들을 대상으로 정탐 보고회를 가졌다. 그 외에도 청년들을 비롯해 각종 모임과 기관을 대상으로 슬라이드와 비디오를 통해 각 종족들을 교회 내에 구체적으로 홍보 및 중보기도하기 시작했다. 무엇보다 정탐대 조직과 현지정탐, 그리고 보고회를 통해 종족들을 우리 안에 품을 수 있게 되었으며, 구체적인 종족입양을 논의하게 되는 결정적인 계기가 되었다.

3) 입양준비에 들어가다

정탐보고에 따라 이제 서서히 입양할 종족을 구체적으로 결정하는 준비에 들어갔다. 일차적으로 정탐 대들의 정탐보고에 기초하여, 과연 그 종족이 입양가능한지, 우리 교회가 구체적으로 접근할 수 있는 종족인지를 여러모로 세심하게 논의했다. AAP의 도움을 받아, 각 종족에 대한 입양 가능성을 논의한 후, 정탐종족 중에서 여섯 종족을 선택하게 되었다. 또한 그 동안 협력관계를 맺어오던 인터콥Inter-coop의 의견과 도움으로 두 종족이 첨가되었다. 이러한 과정을 거쳐 스리랑카의 B종족, 몽골의 B종족, 중국의 H와 U종족, 말레이시아의 I종족, 터키의 T종족, 우즈베키스탄의 U종족, 아제르바이잔의 A종족 등 8개 종족이 최종적으로 확정되기에 이르렀다. 그리고 11주년 창립예배와 함께 이들 종족을 입양하기로 결정하고 제반 진행 준비를 위해 선교대회 준비모임을 조직하게 되었다.

한편, 교회의 선교부에서 종족을 확정하고 입양을 준비함과 동시에 교인들에게 '미전도종족이 무엇인지, 미전도종족을 입양하는 것은 무엇을 의미하는지, 왜 우리교회가 미전도종족을 입양하려고 하는지, 교회의 장기적인 선교전략이 무엇인지' 등을 알려서, 입양선교에 동참케 하는 것이 과제였다. 온누리교회 또한 종족입양이 처음이었기 때문에, 준비과정에서 여러 가지 혼란과 어려운 점이 많았다.

　무엇보다도 그 많은 성도들을 대상으로 종족입양이라는 것이 무엇인지 설명하고 납득시키는 일이 쉽지 않았다. 가끔 종족입양이 종족의 아이들을 한국에 데려오는 것이냐고 물어오는 성도들을 향하여 미전도종족에서부터 입양에 이르기까지 처음부터 쉽게 알리는 것이 필수적으로 요청되었다. 이것을 위해, 선교대회 준비모임에서는 '미전도종족 입양대회에 관하여'라는 홍보자료 4,000부를 제작했다. 이 소책자는 1과 세계정세 및 세계선교현황, 2과 미전도종족선교를 위한 지역정탐, 3과 미전도종족입양운동과 여호수아 프로젝트 2000, 4과 온누리교회 2000/10000과 미전도종족 입양전략 등으로 총 4과로 구성되었다. 만 여 명이 넘는 성도들을 대상으로 직접적으로 교육시키기는 어려웠기 때문에, 이 책자를 이용하여 다락방 순장들을 대상으로 먼저 교육에 들어갔다. 그리고 교육을 받은 순장들은 매주 각각의 다락방 순모임에서 미전도종족 입양에 대해 순원들에게 알리도록 했다. 이 과정을 통하여, 비록 깊이 있는 정보들을 제공하지 못했음에도 불구하고, 만 여 명이 넘는 성도들에게 비교적 빠르고 쉽게 종족입양을 알리고 이해시키게 되었다.

이 외에도, '여호수아 프로젝트 2000' 비디오테이프를 각 다락방 순모임에 배부하여 전교인들이 보도록 했으며, 9월 21일에서 10월 11일까지 종족 사진을 전시했다. 또한 온누리신문을 통하여 9월 1일에서 9월 22일까지 미전도종족 입양시리즈를 4회에 걸쳐 연재했고, 이를 통해 우리교회가 입양할 종족을 소개했다.

4) 입양예배와 그 이후

드디어 1996년 10월 6일 온누리교회 창립 11주년 기념예배와 함께 종족입양예배를 드리게 되었다. 한양대학교 체육관에서 진행된 이날 예배에는 유년 주일학교 학생들에서부터 중고등부, 대학부, 청년부, 외국인 그룹(영어예배 참석자 등), 장년부 등 1만여 명이 참석한 가운데 온 교회적으로 드려졌다. 또한 AAP를 비롯한 선교단체에서도 함께 참석하여 축하와 격려를 아끼지 않았다.

이날 입양예배는 3부로 드려졌는데, 1부에서는 하용조 목사님의 설교와 함께 입양국가들의 국기와 피켓 입장, 미전도종족과 입양에 대한 프레젠테이션, 그리고 입양할 종족이 소개되었다. 2부에서는 입양서약서가 낭독되고 선포되었으며, 중보기도와 결단의 시간 및 입양협력단체들의 소개시간이 있었다. 점심 식사후 이어진 3부에서는 축하순서의 시간을 가졌다.

이날은 온누리교회의 11주년 창립과 더불어 축복된 입양교회 행렬에 함께 동참하는 역사적 시간이었다. 그리고 결단의 시간을 통해 중보기도자 143명, 재정 후원자 79명, 자료수집 헌신자 23명, 단기선교 헌신자 60명, 장기선교 헌신자 32명 등 총 237명이 개별적으로 입양한 종족을 위해 헌신했다. 이들은 앞으로 계속 진행될 입양선교 사역에 직접적으로 동참하게 될 것이다.

입양예배를 드린 후, 온누리교회는 새로운 마음으로 장기적으로 진행될 입양사역을 효과적으로 수행하기 위해 해외 선교부 산하에 미전도종족 입양운동본부를 설립했고, 이를 통해 각종 사역들이 진행되고 있다. 먼저 입양된 종족들을 각 부서별, 다락방별로 분담하여 책임지고 중보 하도록 할 것이며, 이 작업이 진행 중이다. 또한 각 종족별로 두 명의 팀장을 두어 그 종족에 관한 정보를 수집하고, 맡은 종족에 관한 정보를 교회내에 알리는 일에 책임을 지게하고 있다. 무엇보다도 입양종족을 위한 중보기도에 노력을 기울이고 있는데, 금요일 새벽기도를 미전도종족 중보기도회로 정해 정기적으로 가지고 있다. 이와 더불어 교회내 각 지역별 중보기도 모임에서 관심자들이 계속적으로 중보기도하고 있다.

또한, 장기적인 사역을 위해 추가적으로 현지정탐을 진행시키고 있다. 1996년 11월 19일에서 27일간 해외선교부 담당 목사외 3명이 중국의 H종족을 재정탐했으며, 같은 기간 해외선교관련 장로 1명과 목사 1명이 중국의 U종족을 다녀왔다. 그리고 12월 7일에서 19일간 이천만팀에서 말레이시아 Y종족의 정보 보완을 위해 재정탐을 다녀왔으며, 그 직전인 12월 5일 그 종족내에서 사역하고 있는 선교사를 통해 사역 현황에 대해 듣는 기회를 가졌다. 또한 12월 9일 스리랑카 B종족으로 헌신자학교 훈련생들이 들어갔다. 이뿐 아니라, 각 종족을 위한 최적의 전략도출과 선교사역의 기반마련을 위해 각 종족들을 계속적으로 재정탐할 계획이며, 1997년부터는 가능한 지역에 한해서 비전 트립 등을 통해 단기사역도 시행할 계획이다.

그리고, 종족입양 선교가 일시적인 붐으로 끝나지 않기 위하여, 교회적으로는 1997년 입양종족 달력을 제작하고, 입양종족 브러셔도 제작 중에 있다. 1997년 1월부터는 입양종족 소식지도 매월 발간할 예정이며, 1997년 1월 18일에는 미전도종족 중보기도 세미나를 전교인을 대상으로 개최할 예정이다. AAP와 긴밀한 협조가운데 계속적으로 하나님께서 온누리교회에 허락하신 새로운 종족을 입양하기 위하여 1997년도에는 전문 researcher들을 양성하며, 또한 전 성도들에게도 정탐훈련의 기본 지식들을 습득할 수 있는 기회들을 부여하기 위하여 AAP에서 실시하는 선교정탐 훈련원에 위탁교육을 시킬 것이다.

나아가, 종족입양 역시 영적전쟁이라는 분명한 인식아래, 1997년도에는 교회 내 모든 비전 트립과 해외 수련회를 이번에 입양한 8개 종족으로 갈 수 있도록 조정하여 땅 밟기를 통한 효과적인 중보기도를 기대하고 있다.

7. 한국교회의 미전도종족 입양 유형연구

1) 입양 3단계 System

우리는 미전도종족 입양 선교방식의 주체는 지역교회이며, 분명한 목표는 미전도 종족내 자전적自傳的 교회 설립이라는 점에서 출발한다. 따라서 3단계 전략으로 그 목표를 달성하려고 노력하고 있다.

첫째, 중보기도 운동

선교의 최대 강력 무기인 대포(기도)를 한 곳에 집중적으로 퍼부어 적의 진지를 궤멸시키는 방법이 바로 이 방법이다. 즉 중보기도를 분산시키지 않고 동력화시키는 것이다. 한국교회는 선교기도를 많이 하나 이를 동력화 시키는 데는 실패하고 있다. 한 지역교회가 미전도종족을 대상으로 매일 매 기도모임 때마다 책임지고 기도하는 것이다. 이의 효율적인 운영을 위해서 한국 AAP(한국미전도종족입양운동본부)가 기도 프로파일Profile을 공급하고 있다. 각 교회가 현지에 있는 한국 선교사의 도움으로 기도제목(그 해당 종족의)을 꾸준히 받는 것도 효과적이다.

둘째, 정탐 실시

민수기 13장에서 가나안 땅을 탐지한 12인의 용사를 생각하고 新가나안인 미전도종족을 정탐하는 방법이다. 정탐대는 담임목사를 비롯하여 교회의 각 부서 지도자로 구성된다. 그 땅을 밟으며 기도하기, 사진 찍기, 사람들과 사는 모습 관찰, 영적인 현황을 표시하는 지도 만들기, 자전적 교회설립을 위한 비전Vision 그리기 등으로 진행된다. 이들은 귀국 후 교회에 보고하며 기도 열기를 더욱 고조시킨다.

셋째, 선교사(선발, 훈련 및) 파송

교회는 그 선교지에 꼭 필요한 선교사를 선발하며 적절한 훈련을 시켜 그 종족내로 파송을 한다. 따라서 1996년 이후의 모든 선교사를 종족으로 파송한다(마 28:19, 예장합동 선교부 결의). 이것은 선교의 중복투자를 피하며 선교회 우선 지역에 선교사를 보내는 현명한 방법이다. 선교사는 첫 2년간 언어, 문화 숙지 및 정보통신사의 역할을 함으로 후방 대표부대(입양교회)의 화력을 유도한다. 선교사 자신이 땅을 밟고 중보기도, 정탐을 계속하며 시사적인 기도제목을 계속 공급한다. 그리고 자신의 진지Base를 구축하도록 하며 그것을 교두보로 삼아 전략적 선교를 추진한다.

2) 입양유형의 다양함

① 교단 선교부내 미전도종족입양운동본부를 통한 방법

기존 파송된 선교사를 동력화 시키는 방안이다. 즉 그들 인근에 포진한 미전도종족 집단을 그들에게 소개하고 그들이 동의를 표하면 그들의 파송교회(또는 주 후원교회)로 하여금 해당 미전도종족을 입양케하는 방법이다. 예장 합동측은 이 방법으로 550개 종족을 입양 하였고, 예장통합은 500개 종족을 입양키로 결의하였다.

② 개교회가 직접 연구하고 입양하는 방식

수원형제침례교회, 부산신평로교회, 창원가음정교회 등이 이 방식을 채택하였다. 수원형제침례교회는 중앙아시아 카자흐 종족을 입양하면서 개교회 선교의 방법이 더욱 고차원화되었다(협력선교에서 입양선교로).

③ 교단선교부, 해외선교단체 그리고 지역교회의 공동 작품 경우

서울 혜성교회, 은천교회, 그리고 인천 빛의 교회가 그 사례이다. 이들 교회는 교단과 해외선교단체(OMF, 예수제자선교회)와 협력하여 이런 결실을 맺었고 또한 발전시키고 있다. KIRM은 부산 신평로 교회를 측면 지원하여 캄보디아 A종족 내 선교사를 파송하는데 기여했다.

④ 해외선교단체가 이끄는 방법

우리나라 90년대 초장기부터 예수전도단은 12개 종족을 입

양하고 지역교회를 후원하도록 연결시켰다. 실험적인 방법이었으나 종족입양의 주체가 교회인 점에서 이 시도는 더 연구해야겠다.

⑤ 학생선교단체와 해외선교단체의 합작품

서울 IVF 지방회는 GP선교회 김형익 선교사의 소개와 도움으로 인도네시아 수마트라 스믄도 종족을 입양했다.

3) 한국 교회의 미전도종족 선교 결의

1996년 5월 28-29일 이틀간의 대회에 참석한 600여명의 교회 목회자 및 선교지도자들은

① 미완성 과업을 미전도종족 선교로 규정하고 영적, 물질자원을 집중하기로 했다. 금년내에는 500개 종족 그리고 2000년까지 2000개 최우선 교회설립이 필요로 하는 종족 집단을 입양케 한다.

② 이를 위해 각 교단 및 선교단체는 미전도종족입양운동본부(또는 부서)를 가동시키며 한국미전도종족입양운동본부로 그 조정역할을 감당하게 했다.

③ 보다 효율적인 동력화 작업을 위해 일선 한국 선교사 4,500명을 동참시키고 국제적인 Network도 갖기로 하였다.

Modern Mission through People Window(I)

7

미전도종족 선교는 대도시에서 출발하는 것이 전략적임을
7장에서 설명한다. 현대 도시는 종족 모자이크와 같아서
도시 내에 개척되는 종족교회 공동체는 유기적 관계가 계속되는
원 거주지 종족 집단에 복음이 전달될 수 있는 축복의 통로가 된다.

7

관문도시를 통한 미전도종족 선교전략
: 그 쟁점과 중요성

| 한수아

들어가는 말

21세기 중요한 선교과제로서 20세기의 마지막 4반세기를 주도해 왔던 미전도종족 선교와 함께 관문도시에 대한 선교가 떠오르고 있다. 도시선교가인 비브 그릭^{Viv Grigg}은 미전도종족선교 운동에 뒤이은 선교의 제4운동은 도시선교라고까지 주장하고 있다.1) 그 주장의 진위는 차치하더라도 아무튼 간과되고 있었던 도시에 대한 선교적 관심이 부각되고 있는 점은 매우 다행스러운 일이다. 관문도시의 개념은 사실 도시자체에 대한 선교의 중요성을 부각시키는 일반적인 의미 외에도 특별한 선교 전략적 의의를 지니고 있다. 즉, 미전도지역의 복음화를 위해 주요 관문도시를 일차적으로 공략하자는 것이다. 지금 미전도

---

1) 여기서 제4운동이란 해안선교, 내지선교, 미전도종족 선교시대 이후에 전개될 새로운 주도적 선교운동이라는 의미이다.

지역이 대부분 선교사들의 거주가 어려운 접근제한 지역이고 거의 대부분의 선교사들이 도시에 거주하고 있다는 점에서 그 전략은 상당히 현실적이다. 그러나 문제는 선교사들이 몇몇 도시에만 집중되어 있다는 점이며 그나마 관문도시에 대한 선교적 안목이 부족하다는 데 있다. 이 글의 목적은 미전도종족 선교를 완수하는데 있어서 관문도시 개념과 그 선교적 중요성을 제시함으로써 관문도시를 통한 선교과업을 이해하고 참여하는 데 조금이나마 도움을 주고자 하는 것이다. 이를 위해서 우선 미전도종족 선교와 도시선교의 관계를 둘러싼 몇 가지 쟁점들을 살펴보고자 한다. 그리고 나서 관문도시의 의미와 그 선교 전략적 중요성을 제시할 것이다.

1. 미전도종족과 도시선교의 관계와 연관된 쟁점들

1) 미전도종족 선교는 농촌 및 오지선교인가?

미전도종족은 대부분 오지나 농촌에 살고 있는 것으로 간주되며 이 때문에 미전도종족 선교는 종종 오지 선교나 농촌선교와 동일시되고 있다. 그러나 여기에는 일종의 선교적 편견이 존재한다고 할 수 있다. 이러한 편견은 부분적으로 종족개념을 부족이나 인종적인 것으로 제한하여 이해하는 데 기인하였다.[2] 이 편견은 미전도종족을 도시에서 발견할 수 없는 것으로 오해하게 만들게 된다(간하배, 1992).

다른 한편으로 이러한 오해는 최근의 급격한 도시화 현상의 특징을 이해하지 못한데 기인한다. 다음의 표에서 제시하는 세계인구의 전망에 의하면 21세기부터는 역사상 처음으로 전 세계적으로 도시에서 거주하는 인구가 농촌인구보다 많아지게 된다. 또한 인구통계 전망은 앞으로 수십 년간 세계인구의 증가는 도시에서 이루어질 것이며 농촌인구 증가는 정지할 것이라고 보고 있다.

19세기까지 전 세계 도시화를 주도했던 지역은 유럽과 북미, 그리고 남미지역이었다. 이 지역은 종교적으로 볼 때 기독교지역이라고 간주할 수 있는 곳이다. 20세기에 들어와서 서구지역의 도시화는 현격하게 둔화되었지만 도시화는 전 세계적으로 보아 더욱 빠른 속도로 진행되었다. 도시규모별로 도시개수의 증가를 보면 인구 10만 이상의 중대도시가 1900년 300개에서 1970년 2,400개 그리고 1998년에는 3,980개 2001년에는 4,100개이며 2025년에는 6,500개가 될 것이다. 그리고 인구 100만 이상의 거대도시는 1900년에 20개에 불과하였으나 1970년에는 161개, 1998년에 400개로 증가하였고 2001년에

---

2) 선교학적인 종족은 다음과 같이 정의할 수 있다. '언어와 문화를 공유함으로써 서로 간에 공통의 친밀감을 지니고 있는 집단을 말한다. 이 집단은 복음을 전파해도 이해나 수용의 면에서 장벽에 부딪히지 않고 교회를 개척할 수 있는 대단히 큰 집단이다.' 이는 부족이나 친족집단의 범위를 넘어서는 일반적인 개념이다.

는 410개였는데 2025년에는 650개로 늘어날 전망이다(Barret and Johnson, 2001).

〈전세계의 도시화에 대한 표〉

	1900	1970	1998	2001	2025
세계인구	16.2억	37.0억	59.3억	61.3억	78.2억
농촌인구	13.9억	23.5억	32.7억	32.1억	32.1억
도시인구	2.3억	13.5억	26.6억	29.2억	46.1억
십만이상도시	300	2,400	3,980	4,100	6,500
100만이상도시	20	161	400	410	650

출처: Barret and Johnson(2001)

그 이유는 20세기에 들어와 바로 비기독교 지역인 아시아와 중동, 아프리카 지역 등 저발전 지역underdeveloped area에서 도시화가 상당히 진전되었기 때문이었다. 20세기 후반부터는 세계에서 가장 미전도종족이 많이 살고 있는 저발전된 지역의 도시화가 이제 세계의 도시화를 이끌고 있다.[3] 특히 10/40창의 대부

---

3) 20세기 후반부 개발된 지역과 저발지역의 도시화 차이를 보면 발전된 지역의 도시화는 1955-60년 사이 연 1.2%의 증가율을 보였지만 1985-1990은 연 0.3%로 감소되었다. 학자들은 21세기 초반까지는 이러한 비율이 유지될 것으로 전망하고 있다. 반면 1985년에서 1990년까지 저발전된 지역의 도시인구는 매년 2.42% 증가하였다. 이러한 증가추세는 다음세기의 중반까지 계속될 것으로 전망되고 있다. 그리하여 2025년에 전 세계 도시거주인구는 55억 정도(전 세계 인구의 65%)가 되는데 이중 저개발된 지역의 도시에 거주하는 인구가 44억으로서 전체 도시인구의 4/5를 차지하게 될 것이다. 그 결과로 이제 세계적인 도시의 순위도 뒤바뀌게 된다. 1950년과 2000년의 세계 10대 도시의 순위를 보게 되면 저개발된 지역에 위치하고 있는 국가의 도시가 1950년 3개에서 2000년 7개로 성장하게 될 것이다.

분을 차지하고 대다수의 미전도종족이 몰려 있는 아시아의 경우 그 도시화 속도가 현재 매우 경이적인 모습을 지니고 있다.

따라서 이제는 미전도종족 선교가 농촌 및 오지 중심의 선교라고 보는 것은 착각이다. 미전도종족은 앞으로 도시에서 더 많이 만날 수 있게 될 것이며 대도시는 미전도종족 선교의 주요 장이 될 것이라고 사료된다.

2) 도시는 신해안선인가?

미전도종족선교와 도시선교를 연관시키는데 있어서 또 다른 한가지 쟁점은 바로 도시가 신해안선New Coastline인가 아니면 신개척지New Frontier인가 하는 것이다. 도시를 신 해안선으로 보는 관점은 과거 해안선 선교의 시대에서는 주로 배가 정박하는 큰 항구도시에 선교사들이 집중적으로 거주했던 반면 지금은 국제공항이 있는 곳에 선교사의 집중적인 거주지가 생겼다는 인식에 의한 것이다. 바로 국제공항이 있는 도시에서 새로운 해안선 선교의 시대가 열리고 있다는 것이다. 이는 과거 해안선 선교시대가 내지선교로 극복되었듯이 주요 도시에 집중되어 있는 선교자원이 분산, 배치되어야 한다는 전략적 시급성을 제기한다.

지난 2000년 6월에 발표된 "한국 선교현황에 대한 광범위 리서치 보고서"에 의하면 주요 국제공항이 있는 세계급 도시에 39%의 한국 선교사가 있고 다른 도시지역에는 53.3%의 선교사가 있으며 도시 이외의 지역에는 단지 7.8%의 선교사가 위치하고 있는 것으로 나타났다(IMPAC, 2000a:8). 이러한 상황을 보면 실제로 한국선교가 신해안선 시대에 위치하고 있다는 지적이 상당한 설득력을 지닌 것처럼 보인다.

그런데 다른 한편으로 도시에 새로운 개척지가 생기고 있다는 주장도 강력히 제기되고 있다. 1989년 마닐라에서 열렸던 제2차 로잔대회에서 도시분과위원장을 담당하였던 레이 바키 Ray Bakke는 그는 도시에 대해 생각하면서 하나님께서 이 세대에 무언가 비범한 일을 행하고 계신다는 점을 깨달았다고 기술하였다. 전 세계적인 도시화를 영적인 시각에서 바라볼 때 '하나님께서 세계를 흔들고 계신다'고 할 수 있으며 그는 또한 '모든 족속을 제자삼으라'고 하신 그분의 명령을 생각할 때 하나님께서는 모든 족속을 우리가 있는 대도시로 이끌고 계시다는 것이 사실이라고 주장하였다(Bakke, 1987:28). 당시 발표된 마닐라선언문에는 지금 현재 "세계 역사상 가장 커다란 이주"가 벌어지고 있으며 선교계는 이에 시급하게 대응해야 한다고 언급되어 있다. 도시선교학자인 로저 그린웨이 Roger Greenway도 20세기 교회의 주요한 선교와 선교형태는 온 세상 끝까지 선교사를 파송하고 복음을 전파하는 주로 나가는 형태였지만 21세기를 맞이하는 지금은 세상의 끝이 도시로 오고 있다고 주장하였다(Greenway, 1990). 이 같은 지적은 현대 도시에서 새로운 선교의 새로운 전선(프론티어)가 형성되고 있다는 점을 밑받침하고 있다. 이러한 현상은 서구의 대도시뿐만 아니라 우리나라에서 외국인 노동자가 집결되어 있는 안산시과 같은 곳에서도 나타나는 현상으로서 한국의 도시에서도 새로운 개척지가 형성되고 있다는 것을 보여준다.

　이러한 현상은 선교지의 대도시에서 보다 뚜렷하게 나타난다. 중국을 예로 들어보면 북경에서는 1982년에서 1990년까지 한족인구는 16.8% 증가한 반면 소수민족인구는 28.7% 증가한 것으로 나타났다. 티벳족, 위그르족, 몽고족, 투지아족과 같은 미전도종족의 증가율은 훨씬 높다. 예를 들어 신강성에 본거지를 둔 위그르족은 북경내에 소위 '신강촌'이라고 불리는 집단적인 거주지를 이루어 살고 있다. 신강촌에 대한 조사에 따르면 이곳에 사는 위그르족 중 다수는 신강성의 최서부 가장 이슬람이 강하고 위그루족 인구비율이 높은 카스 주변 지역에서 온 사람들이라고 한다. 이 현상은 선교지의 대도시에서 새로운 미전도종족 선교의 개척지가 열리고 있음을 보여주는 것이다. 도시에서 새로운 선교 개척지가 형성되고 있는 현상을 이를 전략적으로 잘 활용할 때 미전도종족 선교를 효과적으로 할 수 있을 뿐만 아니라 도시가 신해안선으로 전락하는 것을 막는 역할을 할 수 있을 것이다.

3) 도시 선교는 소외된 계층에 대한 선교인가?

　전통적으로 도시선교의 이슈는 주로 서구의 대도시를 배경으로 제기되어 왔다. 서구에서 도시는 중산층의 공동화현상을 경험하였으며 도심지역은 보다 불안정하고 소외된 곳으로 인식되고 있다. 이러한 서구지역에서의 도시 선교는 주로 도시 속에서 소외된 계층(무주택자, 알콜중독자, 범죄자, 매춘부 등)에 대한 사회적인 선교의 측면을 강조하는 노력이 이루어져왔다(도우슨,1991; Bakke, 1987; Greenway & Monsma,1990 etc). 한편 제3세계의 도시선교는 지금까지 주로 도시내 빈민촌을 중심으로 하는 도시빈민선교의 차원이 가장 강조되어 왔다고 할 수 있다(비브그릭, 1992).[4]

선진국이든지 혹은 제3세계 국가이든지간에 도시선교의 이슈는 강한 계층지향성을 지니고 있었으며 혹은 범죄나 빈곤문제와 같은 도시 내 사회문제와 연관되어 발전되었다고 할 수 있다. 이 같은 상황은 미전도종족 선교가 도시선교의 중요 의제agenda로서 다루어지지 못한데 있어서 한 가지 편견으로 작용했다고 할 수 있다. 미전도종족과 도시선교를 연관시키는 데는 다음과 같은 새로운 관점이 요구된다.

---

4) 도시빈민에 대한 사역의 필요성과 중요성에 대해서는 동의하지만 필자는 비브그릭이 도시빈민을 동질적인 집단으로 간주하는 것에는 동의할 수 없다. 그가 지적한대로 많은 곳에서 대도시인구의 20%에서 60%를 차지하고 있는 수 많은 도시빈민은 다민족도시가 운데서 그들의 경제적 상황이라는 동질적 요소외에도 출신지, 인종, 종교 등에 의해 다양한 집단으로 구분될 수 있는 것이다. 한편 중국과 같이 사회주의체제를 상당부분 유지하고 있는 국가에 있어서는 도시빈민의 대규모 정착지는 존재하지 않는다. 따라서 필자는 국가별, 도시별로 조사연구를 통해 도시빈민내의 하부집단을 파악하고 다양한 사역의 전략이 모색되어야 한다고 생각된다.

4) 도시선교에 대한 새로운 관점

미전도지역의 급격한 도시화는 상당부분 농촌으로부터 도시로의 대규모 이주에 의해서 이루어지고 있다. 그 과정에서 해당지역의 농촌과 오지에 거주하고 있는 종족집단들도 상당수 이주함으로써 그 지역 대도시의 종족구성을 보다 복잡하게 만들고 있다. 그 결과 특히 국가에서 상당한 규모를 지니고 있는 국가급도시Country Class City에는 그 나라에 살고 있는 거의 모든 민족 혹은 종족들이 거주하고 있다.

도시로 이주해서 살고 있는 종족들은 변화된 환경 속에서 적응을 해야 한다. 도시의 물리적 정치적 사회적 환경은 그들이 원래 거주하고 있던 지역과는 매우 다르며 따라서 그들이 본래 지니고 있던 문화적 정체성이 와해될 수 있을 것으로 예상할 수도 있다. 이러한 시각은 도시를 용광로melting pot로 인식하기 때문에 생겨난 것이다. 도시에 와서는 개인이나 집단의 특징이 희석되고 새로운 동질성이 남는다는 생각이다. 이러한 관점은 도시를 하나의 종족들의 '모자이크' 혹은 '샐러드 그릇'으로 보는 시각을 갖지 못하게 한다.

그런데 도시사회학과 도시인류학의 연구결과에 의하면 각 민족이 도시에 이주하여 살게 될 경우 상당부분 나름대로의 종족 정체성과 문화적 양식을 유지하면서 살고 있다는 것을 알 수 있다. 이는 이주 자체가 개인적으로 이루어 진 것이 아니며 그들이 지니고 있던 공동체의 사회적 관계를 통해 이루어지기 때문이다(Gilbert & Gugler, 1992). 그 결과 같은 공동체 출신의 이주민들은 비슷한 직업에 종사하고 인근지역에 함께 거주하는 경우가 많다. 이러한 점들이 도시로 이주한 종족들로 하여금 다른 종족과 경계를 유지하는 하나의 '종족집단'이 되도록 만드는 중요한 이유이다.

현재 대도시선교의 중요한 문제점은 선교사들이 도시에 밀집되어 있음에도 불구하고 도시를 전략적으로 바라보는 안목이 결여되어 있다. 선교사는 한 도시에 살면서 우연히(?) 연결되는 선교의 기회를 포착하여 사역을 시작한다. 그러나 어떤 선교사들은 아이템을 발견해내지 못하여 여전히 무엇을 해야 할지를 몰라 방황하고 있다. 문제는 그 아이템이라는 것에 매우 중복적 투자가 이루어지고 있다는 데서 증폭된다. 게다가 심각한 경우는 선교사들이 서로 경쟁의 대상이 된다.

우리는 도시 전체를 대상으로 전략적인 사고를 할 필요가 있다. 이를 위해서는 대상으로 복음을 전하려는 뚜렷한 표적도 없이 여기저기에 총을 쏘는 식의 발상에서 벗어나야 한다. 다양한 표적을 발견하는 한 방법은 각 도시 내에서 종족집단의 분포를 발견하는 것이다. 도시내 종족집단에는 민족뿐만 아니라 계급, 계층 및 여러 형태의 직업 및 사회집단이 있다. 도시 내 이러한 종족집단의 다양성은 사역을 위한 선택의 폭을 넓혀 주고 있다. 우리는 학교나 병원, 제자훈련 등과 같은 선교프로젝트나 도구를 생각하기 이전에 이들 가운데 있는 다양한 선교

적 표적을 가늠하고 한두 개의 집단에 초점을 맞추어 접근해야
한다.

최근에 와서 이 같은 시각으로 도시선교를 미전도종족 선교
와 결합시키려는 노력이 시도되기 시작하였다. 여기에는 우선
지난 십 여 연간 도시 내 미전도종족 집단에 대한 정탐연구를
진행해 온 갈렙프로젝트$^{Caleb\ Project}$가 상당한 공헌을 했다고 할
수 있다. 그들은 미전도지역의 도시 내에서 다양한 미전도종족
을 발견하고 이에 대한 교회개척전략을 제시하는 사역을 진행
해 왔다. 한편 AD2000운동은 제시하고 있는 '관문도시'를 미
전도종족 선교에 있어서 중요한 곳으로 부각시킨 또 다른 계기
가 되었다(피터와그너 외, 1996).

2. 관문도시의 의미

1) 바울의 선교와 관문도시의 전략적 의미

관문도시선교는 결코 새로운 전략이 아니다. 초대교회에서
사도바울이 행했던 선교전략이 바로 이것이다. 그는 도시를 주
요 선교목표로 삼았다. 그러나 그가 모든 도시를 선교지로 선
택하지 않았다는 사실에 주의해야 한다. 그는 어떤 도시는 그
냥 지나치고 어떤 도시에서는 오랫동안 머물면서 복음을 전했
다. 그는 철저하게 전략적인 요충지인 도시를 선택했다. 그가
선택한 도시는 로마정부의 중심지, 헬라문명의 중심지, 유대인

세력의 중심지, 그리고 세계적 상업중심지였다(알렌, 1993:33-38). 물론 그는 도시 이상의 것을 바라보았다. 즉, 그는 도시를 지역 전체의 '관문'으로 바라보았던 것이다. 예를 들어 에베소에서의 선교는 아시아지방 전체의 복음화와 연결되었다. 바울처럼 우리도 도시가 그 주변지역, 그리고 도시주민이 농촌지역의 주민과 지니고 있는 관계의 망에 주의를 기울일 필요가 있다. 도시는 주변지역으로 나아가는 선교적 스프링보드가 될 수 있는 것이다.

이러한 전략은 현재에도 적용될 수 있다. 예를 들어 중국 사천성의 성도 시는 티벳족 선교의 관문도시로 부각되고 있다. 티벳복음화를 위한 성도시의 중요성은 다방면에 존재한다. 우선 성도는 중국본토에서 티벳지역으로 가는 교통의 중심지다. 특히 사천성의 티벳인들에게 중국본토로 이동하는 데 거쳐 가는 중간 기착지의 역할을 하고 있다. 다음으로 성도는 상업의 중심지이다. 고대로부터 성도는 사천성의 물산의 집산지이며 주요 시장이었다. 현재 성도의 상권은 사천성 티벳족 지역 전체를 포괄하고 있다. 성도에서 멀리 떨어져있는 고원의 목축지역도 생필품을 포함한 거의 모든 물품을 성도에서 조달해 간다. 이제는 아예 성도 시내에 티벳족 상가가 형성되었다. 또한 성도에는 연구소와 대학이 많아서 성도는 사천성의 교육과 문화의 중심지로서의 역할도 하고 있다. 이전부터 성도에는 많은 티벳인들이 공부를 하러 왔다. 티벳인들을 위한 중학교뿐만 아니라 민족학원에서는 장족언어와 문화와 연관된 학과가 있고 장족의학을 가르치는 기관도 있다(IMPAC, 1999).

이처럼 미전도종족들을 접근하는데 있어서 관문도시를 중심으로 사역을 전개하는 것은 성경적이며 전략적이다. 우리는 이를 위해 국가내 주요 관문도시를 선정하고 그 도시들과 교류와 왕래를 원활하게 하고 있는 미전도종족을 밝혀내어 사역의 목표를 분명히 하는 작업이 필요하다. 그러고 나서 관문도시와 주요 종족을 타깃으로 하는 선교사를 훈련시켜 보내는 것이다.

2) 관문도시의 도시 지리학적 의미

'관문'이라는 개념은 영어의 'Gateway'를 번역한 것으로서 입구 혹은 통로라고도 번역할 수 있다. 즉, 어떤 지역에 들어가는데 있어서 필수적으로 거쳐야 할 장소라는 의미를 지니고 있다고 할 수 있다. 그 도시가 어떤 지역의 관문이 되기 위해서는 교통이나 경제적인 면에서 영향력 있는 거점으로서의 역할을 할 수 있어야 할 것이다 그런데 관문도시에 관한 명확한 자격조건이 있는 것은 아니다. 관문도시의 정의에 대해서 우리는 하비 컨 박사의 말처럼 "모든 도시는 관문도시이다"라고 할 수도 있으며 그야말로 주요 대륙과 국가의 관문이 되는 세계도시World-class city에만 관문이라는 의미를 부칠 수 있다는 극단적인 주장을 할 수도 있다.

도시지리학적인 관점에서 관문의 역할을 할 수 있는 도시를 그 위계상으로 분류해 본다면 세계(급)도시world-class city와 국가도시country city, 그리고 지역도시regional city 및 지방도시local city로 나눌 수 있을 것이다. 세계급도시는 국제적으로 그 나라를 대표하는 도시로서 외국과의 관문의 역할을 하는 도시라고 할 수 있다. 세계급도시는 전 세계 각국으로 향하는 국제적 항공노선이 설치되어 있으며 외국의 대사관이나 영사관, 금융기관 및 기업 지사 등이 자리 잡고 있는 곳이다. 중국을 예로 든다면 베이징이나 상하이, 더 나아가 광조우 쯤이 이러한 급에 속한다고 할 수 있다. 국가급도시는 국가의 주요산업이나 행정, 교육, 서비스 등이 집중되어 있는 곳을 들 수 있다. 이 도시에서는 전국 각 지역도시과 연결되는 항공노선 및 교통, 통신망이 발달되어 있다. 중국에서는 직할시 및 주요 성도, 그리고 일부 해안 경제특구가 여기에 해당된다고 할 수 있다. 지역도시는 상당히 넓은 지역에 영향을 미치는 도시로서 그 지역의 교통, 경제, 중심지에 해당된다. 중국에서는 다수의 성도를 포함한 지급시가 이에 해당된다. 지방도시는 지역도시보다 작은 영역에 영향을 미치는 도시이다. 중국의 현급시가 이에 해당된다고 할 수 있다(한수아, 1999:51).

3. 관문도시를 통한 미전도종족 선교의
전략적 중요성

1) 접근 가능성

미전도종족이 거주하는 지역은 대부분 교통이 불편하고 경제 상황이 열악해서 접근하기가 쉽지 않다. 그런데 만약에 관문도시에 살고 있는 미전도종족이 있다면 다음과 같은 도시가 가지고 있는 본래적인 특성 때문에 접근이 비교적 수월하다고 할 수 있다.

우선 도시가 지니고 있는 발달된 교통망은 다양한 종족세계와의 거리를 좁혀준다. 일반적으로 세계도시라는 의미는 단순히 인구가 많은 세계적인 도시라는 의미 외에도 그 도시가 세계와 연결되어지는 장소라는 것을 의미이다. 따라서 그곳에서 세계를 만날 수 있다. 마찬가지로 국가도시는 한 국가 내에서 교통망이 집중되어 있다. 따라서 누구든지 쉽게 올 수 있는 곳이며 이곳에서 다양한 기회를 접한다. 창의적 접근지역에서 선교사들의 정착과 활동에는 많은 제약이 있다. 사실 이 지역의 많은 농촌과 소도시는 외국인의 통행마저 허가되어야 하는 미개방지역이다. 선교사들이 정착을 하려면 학교나 기업체, 혹은 거주지가 필요한데 사실상 이러한 조건이 갖추어진 곳이 바로 위에서 제시된 관문도시들이다.

두 번째로 들 수 있는 것이 이들이 지니고 있는 직업적인 개방성이다. 농촌에 있는 미전도종족의 직업은 선교사가 접근하기 어려운 것이다. 그런데 도시에 살고 있는 미전도종족은 전통적인 직업 외에 보다 현대적인 직업에 종사하는 사람들이 많다. 학생이나 공무원, 회사원 등이 그것이다. 그리고 외지로부터의 새로운 이주민들은 대부분 국가의 공식적인 국가기관이나 기업체에서 종사하기보다는 일반적으로 개인사업이나 소규모 기업, 상업 서비스업의 종업원으로 취직하게 된다. 이들은 선교사가 직업적으로 보다 쉽게 접촉할 있는 사회적 집단이라고 할 수 있다.

마지막 셋째로 도시는 언어적인 접근가능성을 높게 하고 있다. 공용어를 사용하지 못하는 사람이 도시에서 생존한다는 것은 쉬운 일이 아니다. 도시적인 직업은 공용어의 사용을 요구하고 있다. 일반적으로 도시로의 이주민은 그들의 생존을 위해 공용어를 익힌다. 결과적으로 도시에서는 그들 스스로 공용어를 익힘으로서 선교사와 해당 종족간 언어적인 장벽을 보다 쉽게 넘을 수 있다. 이는 선교사가 그 종족의 고유 언어를 배우지 않아도 된다는 말이 아니라 공용어를 사용하는 종족 구성원을 언어교사, 정보제공자 혹은 협력자 등으로 쉽게 발견할 수 있다는 것이다.

2) 수용성

우리가 미전도종족 선교를 할 때 우선적으로 도시 내에 있는 종족 집단에게 할 것인가? 아니면 원거주지에 있는 보다 많은 사람들을 향해 우선 노력을 기울여야 하는가? 이에 대한 대답은 물론 각 개별 집단에 따라 상황이 다르겠지만 어떤 경우 고향에서는 복음에 대해 매우 저항적인 사람들이 도시환경에서는 매우 복음에 열려있을 수 있다(Greenway & Monsma, 1991:114). 그 이유로서 도시의 수용성이 일단 도시는 변화가 보다 많이 일어나고 있는 곳이라는 사실 때문에 높아지기 때문이다. 도날드 맥가브란에 의하면 노인보다 청년들이, 억압받는 집단들이, 시골보다는 도시가, 급속한 사회 변화와 이동이 있는 곳이 보다 수용적이다(McGavran, 1990).

예를 들어 중국의 호남성 장사시에 살고 있는 후난인들은 개방 이후에 도시가 변모하면서 관념상의 많은 변화를 겪었다. 외국 기업이 들어오면서 직업 선택의 기회도 생겨났고, 돈에 대한 관념도 바뀌었다. 예전엔 돈 많은 것이 좋은 게 아니었으나 지금은 돈 많은 것이 다른 사람의 부러움을 사는 일이 되었으며, 청년들은 정치가보다 기업가를 존경하고 있다. 또한 과거엔 외국여행을 생각도 못했지만 지금은 여행업이 많이 발전하고 있는데, 대학의 역사학과 교수가 관광학과 원장을 역임하면서 외국을 다니며 관광정책을 고찰하고 있다. 컴퓨터, 인터넷도 사람들의 사상과 생활의 변화를 일으키는 한 가지 요인이다.

예전의 호남사람들은 매우 전통적이었다. 하나만 인정하는 정통이 전통으로 형성되었는데, 개방으로 인해 사람들마다 다양성이 있음을 인정하기 시작했다. 이전에는 극단적인 것이 선호되었던 반면 개방이후는 다양함을 인정한 것이 사상 면에서의 가장 큰 변화이다. 생활방식에서도 전통 명절인 구정과 단오를 좋아했는데, 세계화의 영향으로 성탄과 1월 1일을 중요하게 여기고 있다. 일상가정용품의 보급(TV, 세탁기, 냉장고 등)과 음식에서의 변화도 생활면에서의 변화이다. 계림의 쌀국수, 조선족 냉면 같은 타 지역의 음식들이 들어와 유행하고 있으며, 맥도날드, KFC 등 다 외국 음식들도 이미 장사시민들의 입맛에 길들여져 있다(IMPAC, 2000b).

　도시는 농촌보다 문화적 개방성이 높다. 도시의 문화적 개방성은 우선 도시가 가지고 있는 직업적 다양성에서 생겨난 문화적 다양성에 근거하고 있다. 도시가 지니고 있는 문화적 직업적 다양성과 높은 인구밀도는 사람들로 하여금 그가 지니고 있었던 사회적 심리적 속박에서 자유롭게 하도록 도움을 주고 있다. 사람들은 도시에서 보다 다양한 문화를 접하게 되며 따라서 자신들과 다른 다양한 문화적 성격을 지닌 사람들에 대해 너그러운 특징을 지니게 된다.

　또한 그들이 도시에서 새로운 문화적 요소를 받아들이는데 있어서 고향에서와 같은 매우 동질적인 사회집단의 제제를 덜 받게 된다. 베이징에서 만난 한 무슬림 청년은 고향에서 술을 마신다는 것은 전혀 상상할 수 없다고 하면서도 자신은 도시의 삶 가운데 적응하기 위해 경우에 따라 술을 마신다고 하였다. 따라서 농촌에서 매우 사회적인 결속이 강하고 저항적인 종족에게 복음을 전하는 데 도시에 나와 있는 그 종족의 분파에 관심을 가지는 것은 매우 지혜로운 전략이다. 농촌 상황에서 복음을 받아들인다는 것은 죽음을 의미할 수도 있기 때문에 불가능하다고 하더라도 도시에서는 보다 느슨한 사회적 통제 때문에 자유와 용인의 범위가 넓다.

도시의 수용성과 연관된 두 번째 이유로는 도시로의 이주 및 정착 과정에서 겪는 이른바 '아노미 현상'과 같은 사회심리적인 변화를 들 수 있다. 도시에서의 새로운 생활은 이주자가 가지고 있던 농촌적인 직업, 생활방식이나 가치관, 인간관계 등의 변화를 요구하게 된다. 그러나 이 과정이라는 것이 지리적인 이동처럼 신속하게 이루어지는 것은 아니다. 따라서 그가 도시 내에서 경제적 사회적, 심리적으로 정착하는 과정에서 일종의 불안정한 상태를 경험하게 된다.

수용성에 대한 많은 선교학적 연구결과는 사람들이 이주의 시기에 보다 복음에 마음이 열리는 사회 심리적 상태를 지니게 된다는 점을 언급하고 있다. 맥가브란은 '정상적으로 복음에 가장 민감하게 반응하는 집단은 농촌에서 도시로 이주한 농촌 이주자들로 구성된 집단이다'라고 말한다(McGarvran, 1990). 그런데 일정기간이 흐르게 되면 도시생활에 정착하고 사고방식도 많이 세속화 고착화된다. 그때에는 수용성이 떨어지게 되는데 따라서 이주의 초기가 복음을 전하기에 좋은 시기일 것이다. 물론 도시의 수용성에 대한 반론들이 존재한다는 사실도 기억해야 한다. 저항적인 종족들은 도시에서도 종족 정체성을 종교를 통해 유지하기도 하며 때로는 주류 종교와 외래 종교에 대한 반발로서 더욱 자신의 종교를 고수하기도 한다. 그리고 예를 들어 이란과 같이 제도적으로 도시에서의 개종이 더욱 어려운 지역도 존재한다.

3) 도시의 다양한 네트워크와 집단들

사람들은 농촌과는 다른 사회적 네트워크를 도시에서 갖게 된다. 도시에서 인격적 관계와 소속감은 거주영역, 직업, 친족 관계, 친구관계 등에서 다양하게 창출될 수 있다. 따라서 도시 는 시골보다 더 많은 연계망을 생기게 한다. 사람들은 동시에 여러 종류의 집단에 속하게 된다. 이러한 사회적 관계망의 다 양성에 의해 도시에 다양한 집단이 생겨난다. 이들 중 일부는 복음에 매우 수용적인데 이것을 보지 못할 경우 우리는 선교적 기회를 놓칠 수 있다.

예를 들어 싱가폴의 '세계주의자들'을 간과할 수 있다. 싱가 폴정부의 억압적인 인종 및 언어 통합에 고무된 이 동질집단의 사람들은 그 자신의 도시생활 양식을 창출해 냈다. 이 사람들 은 진보적이고 친정부적이다. 또 그들은 영어로 의사소통을 한 다. 그들은 비슷한 소득과 생각과 관심과 주택을 가지고 있다. 그들의 계층 의식은 높은 반면 인종 의식은 낮다. 그들은 인종 에 상관없이 이와 같은 새로운 가치들을 나타내는 클럽과 교회 에 참여한다. 이들을 싱가폴에서 교회에 가장 많이 출석하는 집 단이다(Hinton, 1985). 또한 아랍의 무슬림을 연구한 매트니의 연구에 의하면 아랍에서 가장 수용성이 높은 집단은 도시의 '과도기적인 무슬림'이다. 이 무슬림들은 고등학교와 대학교 출신들로 구성되며 전통적이지도 현대적이지도 않은 무슬림이다. 이들의 대다수는 시골에서 태어났다가 도시에 왔다. 이들 과도기에 있는 사람이 많이 집중되어 있는 곳이 바로 도시이다. 메트니는 중동에서 기독교로 회심하는 사람들 가운데 가장 많은 사람들이 이 집단 출신의 사람들이라고 말한다. 레바논에서 그리스도인이 된 무슬림의 85%가 이 집단 출신이고 요르단에서는 74%에 이르며 또 이집트의 경우에는 68%에 달한다고 한다.

4) 도시-농촌 간의 사회적 네트워크

도시의 가지고 있는 기능적인 특징은 도시가 농촌처럼 자급자족적인 폐쇄적 공동체의 성격을 지니지 못하게 한다. 그 곳은 다른 지역과의 교류가 필수적이다. 농촌은 도시를 향해 식량과 노동력을 제공해야 하며 도시는 농촌을 향해 각종 현대화된 물품과 문화 그리고 서비스를 제공해 주고 있다. 따라서 도시는 지역 간의 통로가 되는 성격을 지니게 된다.

이러한 특징은 부분적으로 도시의 농촌 이주자들로 하여금 상당부분 고향과의 사회적 네트워크를 유지하게 하고 있다. 맥가브란은 이를 '하나님의 다리'라고 불렀다. 복음전도에 있어서 우리가 주목해야 하는 통로의 개념은 도시 내 미전도종족과 원거주지 간의 사회적 네트워크다.

중국의 베이징에는 위그루족 사람들이 있다. 그들은 비록 그들의 원거주지 인 신장성과는 수천 킬로미터 떨어져 있는 지리적 거리를 가지고 있지만 사회적으로 상당히 밀접하게 연결되어 있다는 것을 알 수 있다. 베이징에서의 위그루족 선교는 멀리 신강성의 선교와 직접적으로 연결될 수 있다. 베이징의 한 종족집단인 온주인은 전국적으로 상업적인 네트워크를 구축하고 있다. 그들 중 다수의 그리스도인을 지닌 이 사람들은 그들의 상업적인 네트워크를 이용하여 교회개척을 하고 있다. 온주인들은 이주자의 사회적 네트워크가 교회개척의 네트워크가 될 수 있다는 증거를 제공해 주었다.

태국에 있는 방콕 소망교회는 태국역사상 단일교회로서 가장 크고 빠르게 성장했다. 1981년에 소수의 관심자와 5명의 구성원으로 병실을 하나 빌려서 첫모임을 가졌던 이 교회는 급격히 성장하였다. 1988년에는 4,500명이 출석하였고 1995년에는 1만 명이 넘는 사람이 방콕 소망교회에 출석했다. 이 교회에서는 개척 후 8년이 지난 후부터 교회개척운동이 벌어졌고 300개 이상의 지교회가 개척되었다. 이 교회의 교회개척전략이 바로 시골에서 상경하는 사람들을 접근해서 효과적으로 복음을 제시한 것이었다(Chareonwongsak, 1997:211-221).

도시를 네트워크로 바라보지 않고 농촌과 도시가 분리된 것으로 보는 생각은 양쪽 모두에서 하나님의 다리를 놓치는 결과를 초래한다. 반면에 사도 바울의 선교전략은 분명했다. 그는 우선 도시를 목표로 했다. 그러나 그의 관심은 도시에 국한된 것은 아니었다. 그는 도시를 통해 다른 지역을 바라보았던 것이다(행19:9-10).

5) 동원가능한 선교자원의 존재

전쟁의 승패는 아군의 전력을 어떻게 총동원하느냐에 상당히 좌우된다. 관문도시에는 현지 동원가능한 선교자원이 존재한다. 우선 일정규모의 도시에는 전체적으로 공식교회이든 비공식교회든지 간에 교회가 존재한다. 필자는 중국에서 카자흐스탄과의 국경지역에 가까운 한 도시를 여행하면서 그곳에도 강력한 가정교회 네트워크가 존재한다는 것을 발견하고 놀랐다. 교회가 전혀 없을 것으로 예상된 미전도종족 지역에 헌신된 신자들고 구성된 교회가 있었던 것이다. 그들과 협력하여 그 지역 선교에 드려진다면 보다 빠른 성취를 경험할 것이다. 그 외에도 크리스천 유학생들이나 직장인들이 있다. 또한 동료 선교사들이 존재한다. 관문도시에서 선교사는 현지 교회와의 협력과 평신도 및 사역자들과의 네트워킹을 통해 선교자원의 동원을 극대화할 수 있다. 따라서 선교사역의 착수와 효과가 비교적 쉽게 이루어질 수 있는 것이다.

지금 현재 많은 선교사들이 이러한 사역에 드려지고 있다. 어떤 분들은 현지교인들을 양육하고 도전하여 복음이 전해지지 않은 다른 지역으로 가도록 돕고 있다. 또한 어떤 사역자들은 유학생들과 직장인들에게 선교사로서의 비전과 사명을 불러일으켜서 그들이 어떤 목적으로 그곳에 왔던지 전문인선교사로서의 역할을 감당하도록 도전하기도 한다. 그런데 여기서 문제는 이러한 선교자원과 선교의 대상 및 기회를 효과적으로 연결시켜 주는 일이다. 우리는 막연한 선교동원이 아니라 타깃이 분명한 동원을 할 수 있어야 한다. 이를 위해서도 선교사 자신의 대상과 목표, 그리고 전략이 분명해야 할 것이다.

6) 치열한 영적전쟁의 존재

최근 도시선교를 영적전쟁의 관점에서 바라보는 시각이 부각되고 있다. 여기에는 순복음 혹은 카리스매틱 진영이 많은 역할을 하였다. 치유와 축귀exorcism, 기도, 영적전쟁에 대한 강조가 이들 진영을 통해 제시되었으며 이제 복음주의자들을 포함한 보다 넓은 기독교 공동체 속에서 받아들여지기 시작했다. 1989년 마닐라대회가 그 문을 열기 시작했으며 1995년 서울대회는 한층 더 나아가도록 하였다. 피터 와그너Peter Wagner는 이러한 부분을 교회성장 개념에 접합시키는데 영향을 주었다(피터 와그너, 1996). 그를 통해서 교회성장과 도시, 그리고 치유 및 기도와 도시대중전도들의 연결이 모색되었다. 이러한 과정에서 소위 '영적도해Spiritual Mapping'라는 개념[5]도 등장하였다(Conn, 1997:32-33).

이러한 관점은 신학적인 논란이 있다하더라도 지금 도시선교의 중요한 부분을 차지하고 있는 것은 분명하다. 비브 그릭은 인구통계학적으로나 신학적으로 투쟁의 최종 대결장은 도시 내의 전쟁이라고 말한다. 사단의 견고한 진이 도시에서 형성되고 있다. 예를 들어 캘커타와 베나레스는 힌두교의 요새이며 라사는 라마교 세력의 중심이고 매일 세계인구 1/5이 그곳을 향해 기도하고 있는 메카는 이슬람교의 중심이다. 이러한 도시들에는 침투가 어려울 것이고 박해가 심하며 심지어 죽음을 당하는 경우가 있을 것이다(와그너 외 편, 1996:20).

많은 어두움의 세력들은 관문도시에 집중되어 있다. 우리에게 중요한 곳은 적에게도 중요하기 때문이다. 그 세력의 영향력은 도시에 짙게 깔린 구조적인 악과 도덕적인 타락, 그리고 만연된 물질주의에 의해 증폭되고 있다. 따라서 도시에서의 주거와 활동이 비교적 자유롭다고 해서 그 선교적 성과가 쉽게 나타날 것이라고 단정하기 어려운 것이다. 따라서 도시에서의 기회만큼이나 도시에서의 전투는 치열할 것이다. 그러나 우리는 반드시 이 싸움을 싸워야 한다. 이를 위해 도시를 향해 나아가는 사역자들은 무장을 더욱 가다듬어야 한다(엡6:10-17). 그리고 이교적이고 반역적인 도시를 향해 나아갔던 사도 바울이

---

5) 1990년 조지 오티스에 의해서 만들어진 이 개념은 '도시내에서 복음전파와 전도를 방해하고자 사단이 만든 장애를 발견하기 위한 도시연구'를 의미하는 것이었다. 전통적인 연구주제와 연결되어 한 도시나 지역의 역사(그 인구, 문화적 자기인식, 정치, 세계관)에 대한 연구가 그 과정에 포함되었다.

그랬던 것처럼 중보기도의 지원을 더 많이 받아야 한다(엡 6:19). 관문도시는 아군도 적군도 포기할 수 없는 전략적 거점인 것이다.

맺음말

지금까지 미전도종족 선교의 관점에서 관문도시의 의미와 선교 전략적 중요성을 보았다. 이를 위해서 미전도종족 및 도시 선교에 연관된 몇 가지 쟁점에 대해 언급하였다. 이 글에서 필자의 핵심주장은 21세기 미전도종족 선교의 주요 개척지는 도시가 될 것이며 이를 위해 관문도시를 선교 전략적으로 중요시해야 한다는 것이다. 이 글의 주제에 대한 보다 성숙한 논의는 관문도시에 대한 보다 깊은 사례 및 전략연구 그리고 사역 경험을 통해서 이루어 질 것이다. 하지만 현재 한국교회에서 이러한 논의와 사역은 시작단계에 불과하다. 앞으로 관문도시를 보다 전략적으로 활용하고 이를 통해 더 많은 미전도종족을 향해 나아가는 한국교회가 되기를 기도한다.

참고문헌
• Bakke Ray. The Urban Christian. Downers Grove: IVP. 1987.
• Barret David and Todd Johnson. "The World Christian Prospects", 2001.
• Chareonwongsak. "Megachurches for Christian Minorities: Hope of Bangkok". in Harvie H. Conn ed. Planting and Growing Urban Churches. Grand Rapids:Baker Books. 1997.

- Harvie H. Conn ed. Planting and Growing Urban Churches. Grand Rapids: Baker Books. 1997.

- Gilbert Alan and Josef Gugler. Cities, Poverty and Development:Urbanization in tne Third World. New York: Oxford University Press. 1992.

- Greenway, Roger S. "The End of the Earth Have Come to Town". in Roger S. Greenway and Timothy Monsma. Cities, Mission's New Frontier. Grand Rapids: Baker Books. 1990.

- Hinton Kieth W. Growing Churches Singapore Style. Singapore:OMF. 1985.

- McGavran A. Donald. Understanding Church Growth. 3rd edition. Grand Rapids: Eerdmans. 1990.

- Roger S. Greenway and Timothy Monsma, Cities, Mission's New Frontier. Grand Rapids: Baker Books. 1990.

- 간하배. 『현대도시교회의 전망』. 서울:여수룬. 1992.

- 롤랑 알렌. 『바울의 선교방법론』. 김남식 역. 서울: 도서출판 베다니. 1998.

- 비브그릭. 『가난한자들의 친구』. 한화룡 역. 서울: IVP. 1992.

- 와그너 외. 『10/40창문 미전도지역 100개 관문도시를 위한 중보기도』. 기독교21세기 운동본부. 1996.

- 죤 도우슨. 『하나님을 위하여 도시를 점령하라』. 유재국 역. 서울: 예수전도단. 1992.

- 피터 와그너. 『기도의 배수진을 치라』. 최도형 역. 서울: 나눔터. 1996.

- 한수아. "중국의 관문도시와 선교적 중요성"『중국을주께로』. 서울: 중국어문선교회. 1999.

- IMPAC(종족과도시선교연구소). "도시 프로파일 포맷에 관한 연구:중국 성도시 티벳족 사례". 1999.

- IMPAC(종족과도시선교연구소). "한국 선교현황에 대한 광범위 리서치 결과보고서". 2000.

- IMPAC(종족과도시선교연구소). "중국 장사시의 후난인들에 대한 연구". 2000.

Modern Mission through People Window(I)

8

2000년도부터 한국 선교는 리서치 결과에 의해
선교사 배치가 전략적이지 못하다는 지적을 받고 있다.
중복 투자된 선교 자원의 전략적 분산과 분담 배치의 구체적인
방법 제시를 통해 한국형 전략을 모색하고 있다.

8

선교사 배치 전략과
선교 지역 분담 전략

1. 선교지역 분할^{Comity System} 연구배경

한국에서 체계적인 미전도종족선교운동은 1993년에 시작되었다. 그동안 미전도종족선교연대는 다양한 사람들과 여러 선교 단체를 위하여 미전도종족 선교의 시급성과 효과적인 선교 방법들을 알리는데 많은 노력을 기울여왔다. 미전도종족입양운동은 선교자원의 모판이면서도 실제로는 늘 한 발 물러서 있는 지역교회를 선교현장에 이끌어 들여 교회가 선교현장과 선교전략을 수립하는 것에 눈을 뜨게 하였다. 지난 미전도종족선교운동을 통해 지역 교회들은 이전 어느 때보다도 선교에 적극적이었고 미전도종족을 위해 기도하고 참여하고 있다.

그러나 한 가지 아쉬운 점은 선교에 훨씬 많은 노하우를 갖고 있는 선교단체들과 교회 간에 충분한 협력과 지원이 이루어지지 못하고 있다는 사실이다. 이에 한국세계선교협의회^{KWMA}와 미전도종족선교연대는 한국에서의 미전도종족선교 10주년

(2003)을 맞이해 전문성을 갖춘 선교단체가 남은 과업을 달성하는데 더욱 적극적으로 참여하게 되기를 바라면서 '선교지역 분할'이라는 전략을 수립하였었다.

선교지 분할은 한국인에게 낯설지 않은 개념이다. 이 전략은 100여 년 전에 한반도에서 선교했던 선교사들이 사용했던 거룩하고도 전략적인 합의였다. 이는 오늘날에도 미전도종족 선교에 있어 선교지역의 중복과 선교자원의 불균형 배치를 막고 효율적으로 선교과업을 수행하는데도 유용할 것이다. 2000년에 열렸던 한국선교사전략회의(NCOWE) 대회를 통한 합의와 2003년 7월 KWMA 리서치팀에 의해 조사 발표된 '건강한 한국선교를 위한 한인선교사의 전략적 재배치 결의안'의 채택이 선교지역 분할의 직접적인 동인이 되었다.

2. 선교지 분할의 필요성

1974년 로잔 대회를 기점으로 미전도종족 선교운동은 전 세계로 확산되어 나갔다. 아직 전 세계에는 여전히 복음을 전혀 들어보지 못했거나, 자생적인 교회가 없는 종족들이 6,000내지 8,000개가 남아 있긴 하지만, 감사한 일은 이들이 되도록 빠른 시일 내에 복음을 들을 수 있도록 각종 선교대회와 선교전략회의에서 수많은 방법들이 강구되고 있다는 사실이며, 선교지 분할은 그러한 노력 중의 하이라이트가 될 수 있다.

선교지역을 분할해야 하는 필요성을 들면,

첫째, 이 전략이 남은 과업의 성취를 앞당길 수 있는 전략적인 방법이기 때문이다. 한국교회가 파송한 모든 선교사들을 통합적 기구가 일사불란하게 배치할 수 있는 건 아니다. 그러나 그들을 파송한 단체 간에 선교지를 분할하여 책임을 진다면 복음을 듣지 못한 종족들은 하루라도 빨리 복음을 들을 수 있을 것이다.

둘째, 현재 선교단체, 교단선교부에서 선교사들을 파송하는 지역들은 너무나 중복적이다. 이미 몇 개의 나라는 각종 선교대회에서 더 이상 선교사를 보내지 말아야 할 곳으로 거론되어졌다. 2000년 한국선교전략회의(NCOWE)를 통해 발표된 자료에는 선교지의 중복현상이 심각하다는 것을 실감하게 했다.

셋째, 두 번째 이유와 연관되는 것으로 선교자원의 불균형적 배치를 해결하기 위해 선교지역 분할은 필요하다. 우리는 이미 선교헌금의 90%이상이 복음화된 지역의 기독교 신자들에게 사용되어지고 있다는 사실을 알고 있다.

넷째, 선교인력의 전문성이 결여되어 있다.

선교단체가 집중하고 있는 권역이 특별하게 없을 때는 선교
사 각자가 선택한 나라로 가게 할 수 밖에 없다. 그래서 불교권
이나 이슬람권에 가는 선교사들이 그러한 종교에 대한 이해가
부족한 상태에서 가더라도 그들을 적절히 훈련시키고 지원해
줄 수 없게 된다. 또한 직접적인 교회개척을 할 수 없는 곳을 가
는 선교사들도 비자를 연장할 수 있는 전문적인 기술이나 지식
을 갖고 가지 못하는 경우가 허다했다. 선교단체가 특정 권역
을 중심으로 선교사를 파송하고 그 권역에 집중한다면 이전보
다 훨씬 전문성을 갖춘 사역자들을 보내고, 단체 스스로도 사
역자들을 케어하고 지원하기 위해 전문성을 갖출 수 있게 될
것이다.

3. 선교지 분할의 효과

선교지역을 분할하는 것의 효과는 다음과 같이 즉각적으로
나타난다.

1) 파송 단체간 선교지역 중복을 피할 수 있다.

권역을 선택하는데 있어 선교 노하우를 갖고 있거나 이미 오
랫동안 많은 선교사를 파송한 단체가 특정 권역을 우선적으로
선택한다면 나머지 단체들은 나머지 권역을 찾을 수 있을 것이
다. 하지만 한 권역을 꼭 한 단체가 전담해야 하는 것은 아니

다. 권역 내에 많은 나라들이 포함되어 있기 때문에 동일 권역 선교를 원하는 여러 단체가 있을 경우에는 권역 내에서 국가별 지역별로 분담할 수 있기 때문이다.

2) 선교자원의 균형적 배치를 용이하게 한다.

하나의 권역에서도 국가마다 또는 지역마다 복음화율이 다르고 미전도종족의 분포율이 다르기 때문에 이런 부분을 고려하여 선교사를 전략적 배치하거나 재배치 할 수 있을 것이다.

3) 선교인력의 전문화를 꾀할 수 있다.

미전도종족 사역자는 자신의 사역을 마치고 새로운 선교지를 찾아 떠날 때, 동일 국가 내에서 뿐만 아니라 동일 권역에서 자신의 전문성을 최대한 활용하여 사역을 할 수 있다. 동일 종교권에서 몇 팀의 사역을 마친 선교사가 동일 종교의 타종족에 가서 사역을 한다면 사역에 적응하는데 많은 시간을 절약할 수 있을 것이다.

4) 연합과 협력의 강화할 수 있다.

국가중심의 선교 패러다임에서는 단체 간 선교사들간 경쟁의 구도에 휘말리기가 쉬우나, 권역은 보다 큰 그림 내에서 단체가 조율할 여지가 많기 때문에 연합과 협력이 더욱 강화될 수 있다.

4. 분할기준 설명(권역/나라/지역)

2003년 7월 KWMA리서치팀에 의해 조사 발표된 '건강한 한국선교를 위한 한인 선교사의 전략적 재배치 결의안'에서 재배치 1순위에 해당되는 국가는 26개 권역에 포함되지 않았다.

1) 권역분할

권역 분할시 지리적 인접성, 종교, 민족, 언어 등을 우선적으로 고려했다.

> **분할원리 1.** 먼저 아시아, 아프리카, 남아메리카, 유럽, 오세아니아로 분할했다. 북아메리카는 높은 복음화 율을 보이기 때문에 제외시켰다.
>
> **분할원리 2.** 같은 대륙에서 종교권으로 분할했다.
>
> 예) 아시아 대륙은 다음과 같이 종교에 따라 권역을 구분했다.
>
> | 대륙 | 종교권 | |
> |------|--------|--------|
> | 아시아 | 동아시아 | 극동아시아 불교권 |
> | | 인도차이나 불교권 | 도서동남아 이슬람권 |
> | | 서남아시아 이슬람권 | 서남아시아 불교/힌두교권 |
> | | 인도권 | 중앙아시아 이슬람권 |
> | | 소아시아 이슬람권 | |

분할원리 3. 동일 종교권이라 하더라도 단일국가의 인구 규모가 크거나 여러 가지 종교가 혼합되어 있는 경우 따로 나누었다.

예) 인도와 네팔은 지리적으로 서남아시아에 속하며 힌두권에 속하지만, 네팔은 서남아시아 불교/힌두교권으로 인도는 독립지역으로 분할되었다.

분할원리 4. 동일 종교권이라 하더라도 언어에 따라 분할했다.

예) 북아프리카는 이슬람권이지만 서쪽의 불어사용 지역과 동쪽의 아랍어 사용지역으로 권역을 나누었다.

종교	언어
북아프리카 이슬람권	북서 불어사용 이슬람권
	북동 아랍어사용 이슬람권

분할원리 5. 동일 민족권은 지리적 위치와 역사적 상황을 고려해서 분할했다.

예) 중앙아시아와 소아시아는 이슬람 배경을 가진 투르크 민족이다. 두 개의 권역은 민족과 종교가 동일하다는 공통점을 갖고 있긴 하지만, 중앙아시아 이슬람권은 20세기에 약 70여 년간 구소련의 지배하에 있었던 역사적 경험을 갖고 있다.

2) 국가 내 지역 분할

국가 내 지역은 분할할 때 시, 인구분포 · 종교 · 미전도종족 분포 · 관문도시 등을 고려했다.

분할원리 1. 한 국가의 주류종족이 미전도종족이며 이들이 전국에 걸쳐 분포되어 있을 때 관문도시를 중심으로 분할했다.

예) 베트남의 비엣 종족은 베트남에서 가장 큰 미전도종족으로 전체인구의 87%를 차지한다. 뿐만 아니라 전국에 걸쳐 분포되어 거주한다. 그래서 베트남은 3개의 관문도시 하노이시, 다낭시, 호치민시를 중심으로 분할했다.

분할원리 2. 한 국가 내에 다양한 종교가 존재하며 종교에 따라 경계선이 분명하거나 경계선은 없지만 종교간 긴장이 있는 곳은 종교에 따라 분할했다.

예) 북인도는 이슬람과 힌두교가 대결하는 곳이다. 잠무와 카슈미르 지역은 대표적인 이슬람교 지역이다. 그래서 이 지역을 인접한 지역과 분리했다.

분할원리 3. 국가 내에 다양한 민족이 존재할 경우 민족의 분포지역이나 경계에 따라 분할했다.

예) 파키스탄의 경우 발루치족과 신디족 그리고 펀잡족은 각기 다른 행정구역을 중심으로 거주한다.

5. 각 선교단체가 선교지 분할을 결정하는 방법

1) 각기 선교단체는 자단체의 기존 파송 선교사 분포를 분석

하여, ① 선교사가 밀집해 있는 지역을 우선 분할 받도록 노력한다. ② 선교사 중 탁월하거나 미전도지역 또는 종족 사역에 감각이 있고 헌신된 선교사가 있는 지역을 분담 받도록 한다.

2) 선교단체 설립 정신을 살려 전략적으로 설정한 지역을 특화하도록 하며, 분할 제안된 도표와 비교하여 그 지역을 분할 받도록 노력한다.

3) 선교지 분할은 빠른 판단과 결정이 중요하다. 해당 선교부의 피해가 없도록 적극적으로 의견을 피력하고 타 단체의 납득과 거룩한 동의를 받도록 하자.

4) 다른 단체의 선교 상황을 살피며, 서로 돌아보아 사랑과 선행을 격려하며(히10:24), 중복된 투자가 되지 않도록 노력한다.

5) 다른 단체들이 아직 사역하지 않은 새로운 선교 지역을 적극 개척하여 선점하는 자세가 필요하다.

6) 우선 신청 단체를 우대한다(First come, first served).

Modern Mission through People Window(1)

9

지난 200년 동안 발전되어 온 서구 중심의 과거 선교와
새로운 패러다임의 15년 한국 미전도종족 선교를
역사적 비교를 통해 본다면 우리는 이미 시작된 변화를 계기로
더 발전되는 미래 선교의 틀을 기대할 수 있을 것이다.

9
한국에서의
미전도종족 선교운동 평가 및 전망

| 정보애

1. 들어가는 말 : 200년 vs 15년 ― '이미' 시작된 변화와 그러나 '아직'의 도전

최근 사회과학 특별히 국제 정치와 국제 지역학에서 제기된 흥미로운 주장이 있다. 즉 국가 단위, 국가 중심적인state-centric현상을 '냉전체제의 패러다임'이라고 규정한 것이다. 이유는 국가 중심 패러다임이 가진 한계 때문이다. 이 패러다임은 현실을 좀 더 명확하고 적절히 설명하고 응용하는 데 제한을 가져온다. 굳이 학자들의 지적이 아니어도, 오늘날의 세계를 소위 지구촌global village으로 부르기 시작한지 벌써 기십 년이 되었다. 이는 현실의 변화를 반영한 새로운 분석틀로 지구 패러다임, 혹은 다자 중심적multi-centric 패러다임이라 부른다.

여기서 우리의 초점을 다시 이번 호 전방개척선교 저널 논의의 핵심인 선교에 대한 정의 및 그 실천에 집중해 보자. 역사적으로 1793년 근대 개신교 선교가 시작된 후 선교는 거의 전적으로 국가중심적인state-centric선교를 수행해 왔다. 이러한 국가 중심적 선교관 및 선교 이해는 200년이 지난 21세기 현재까지 한국의 선교 이해 및 실천의 주요 기반이자 분석틀analytical framework이 되어왔다. 즉 지금도 여전히 한국교회는 중국 선교사, 일본 선교사 혹은 가나 선교사라는 용어를 통해 선교와 선교사들의 사역을 보여주는 개념으로 사용해오고 있다. 한 번도 이러한 개념의 선교 용어 사용에 대해 재고해 본적이 없을 정도로 오랜 기간 동안 무비판적으로 자연스럽게 사용해 왔다. 잠시 위에서 국제정치학이나 지역학의 입장에서 국가중심 패러다임의 한계를 말했지만, 그렇다면 이 개념은 세계와 열방을 복음화 하기 위한 성경적 개념으로는 적합한가? 결론적으로 말하자면 성경 신학적 입장에서 이현모 교수는 국가단위, 국가중심의 선교개념은 성경적인 관점에서 말하는 바람직한 것이 아니라며, 오히려 성경에 보다 적합한 선교 개념은 종족 단위라고 주장했다.[1]

지난 20년 간 한국에서 전개된 미전도종족선교운동은 한국 선교연구원, UPMAAAP 포함, 선교한국을 중심으로 하여 간하배 Harvie Conn의 책 제목처럼 '영원한 말씀과 변천하는 세계' 란 주제에 입각하여 언어와 문화로 구분되는 '종족단위의 선교' 가 세

---

1) 이현모, "미전도종족선교의 성경적 고찰", 미전도종족선교대회 발표 논문, 1995.

계복음화를 이루는 효과적인 전략이라고 동원해 왔다. 그럼에도 불구하고 기대했던 만큼의 결과는 이루지 못했다. 물론 여러 원인이 있겠지만 가장 핵심적인 이유는 무엇일까? 본론에서 이 부분을 주로 다루겠지만 결론적으로 말하자면 아직까지 시간이 더 필요하다. 왜냐하면 종족, 미전도종족 중심의 선교 개념은 한국에서 20년, 서양까지 포함하면 1989년 로잔대회 혹은 맥가브란 까지 거슬러 올라간다고 해도 등장한지 채 20~50년이 안되기 때문이다. 따라서 200여 년이 넘도록 고착화된 국가 중심적 개념이 파기 혹은 변화되는 데에는 오랜 시간 속에서 계속적인 도전이 필요하다. 한국에서의 미전도종족 선교는 마치 하나님 나라처럼 '이미'와 '아직' 사이의 경계에 놓여 있다.

이에 미전도종족선교운동 15주년(2003)을 맞아 발표된 "한국에서의 미전도종족선교운동 15주년 평가와 전망"이란 글을 다시 수정, 보완하여 게재한다. 바라기는 위의 정치학, 지역학의 주장처럼 미전도종족선교가 협력과 네트워크라는 다양한 다자 중심적인 입장에서 한국교회의 선교적 정의 및 재정의 그리고 실천에 바람직하게 적용될 수 있기를 기대한다.

2. 15년 역사 개관 [2)]

1) 태동기(1992~1995) : 선교한국과 GCOWE ' 95, AAP를 통해 소개

1992년 '선교한국 제3회 대회'에서 '기독교21세기운동본부' 총재 토마스 왕 목사와 '미국세계선교센터(USCWM)'의 랄프 윈터 박사에 의해 처음으로 미전도족속 개념 소개, 다음 해 1993년 이 운동을 추진할 연합기구로 한국미전도종족입양운동본부AAP가 정식으로 설립되었다. 이로서 한국내 미전도종족선교운동의 발판이 마련된 셈이다.

이후 GCOWE '95대회Global consultation on World Evangelization : 1995는 한국의 미전도종족 선교 운동이 확산될 계기를 제공하게 된다. 이 후 국내 교계 지도자들과 주요 교단을 통해 각 지역교회 단위까지 소개되기 시작했다. 그러므로 한국에서의 미전도종족 선교 운동은 사실 1995년 이후부터 시작되었다고 보아도 무방하다.

2) 확산기(1996~2000) : 국내 지역교회 및 해외 디아스포라 한인교회 확산

1996년 이후 미전도종족선교운동은 미주 한인디아스포라교회까지 확산되기 시작했다. 이 시기는 미전도종족선교 제2시

---

2) 서양에서 시작된 미전도종족선교운동은 90년대에 한국선교계에 소개, 확산되면서 발전했다. 2008년에 한국에서는 이 선교운동 15주년을 맞아 11월 28일 감사예배와 함께 미전도종족선교운동에 대한 전반적인 평가작업을 진행했다. 사전에 이같은 취지로 15년간의 미전도종족운동 관련 자료수집 과정및 인터뷰 조사(교단측: 합동측 GMS 강대흥 선교사, 지역교회: 사랑의교회 유승관 선교목사 및 전욱 목사), 온누리교회 김창옥 선교사님, 선교한국측: 한철호 상임총무, 기타 단체 및 연구소: KRIM 문상철 원장)를 시행하였다.

기로 2000년 까지 다음과 같은 일련의 활동으로 전개된다. 1996, 1997년의 목회자 미전도종족선교대회를 통한 동원, 세계를 품는 경건의 시간 GT를 위시한 미전도종족 중보기도 운동, 미전도종족 데이터 구축, 미전도종족 포커스의 선교훈련(정탐훈련, 캠프 여호수아, MP, PSP), 강의 및 세미나를 통한 지역교회 동원 사역 이다. 전체적으로 이 시기는 미전도종족 선교운동 확산기라고 볼 수 있다. 디아스포라 한인교회까지 확산되었다는데 그 의의가 있다.

3) 발전기(2001~현재) : 선교현장과 연결되면서 나타난 도전과 반응

21세기의 변화하는 환경가운데 교회의 본질과 사명을 고민하기 시작한 가운데, 미전도종족 선교는 제3시기로 발전하게 된다. 이전의 두 시기와 비교하여 가장 큰 변화는 미전도종족 입양 이후 사역 문제와 선교현장이란 이슈 대두였다. 전자는 국내에서 그동안 미전도종족을 입양한 지역교회의 입양 후 사역과 관련된 문제이고, 후자는 한국 선교사들이 사역하고 있는 선교현장과 미전도종족과의 상관관계에서 제기된 문제였다.

그전까지는 주로 서양 선교사와 단체들이 조사한 서양 선교사 현황자료 및 미전도종족 리스트에 근거하여 미전도종족 선교운동을 동원해 왔다. 때문에 종족리스트 정보에 대한 사실확인 및 해당 종족으로의 정탐여행을 위하여 현장 선교사와의 연결이 필요하게 되었고, 동시에 미전도종족 선교운동을 전략적으로 전개하기 위해 전 세계에서 사역하고 있는 한국 선교사의 현황 파악이 필요했다. 선교 지도자들 사이의 이런 공감대 조성은 결국 2000년 대대적으로 한국교회가 파송한 선교사들의 사역 현황을 리서치 하는 것으로 이어졌다.(KWMA와 UPMA 광범위 리서치 조사 실시)

이 시기를 거치면서 한국 선교계는 지역교회(교단 포함), 선교단체, 선교 현장을 아우르는 통합적인 이해가 가능케 되어, 이후 한국 선교계는 미전도종족 선교운동과 관련 보다 강한 도전을 시작했다. 곧 전략적인 선교, 선교사의 전략적 배치, 미전도종족입양운동과 전방개척선교, FTT^{Finish The Task} 운동 등 주요한 이슈들이 제기되어, 이로 인해 각 선교지 별로 다양한 반응을 보이기 시작했다.

3. 평가

2000년 이후 13년이 지난 현재 한국교계는 미전도종족 개념을 공유하고 있다고 말한다. 심지어 혹자는 식상하게 여기기도 한다. 그렇다면 미전도종족 선교운동의 실제는 과연 어떠한가? 한국에서의 지난 20년간 전개된 미전도종족 선교운동의 빛과 그림자는 무엇인지 구체적인 평가가 필요하다.

1) 빛의 측면에서

1-1) 대규모 동원운동으로 시작, 단기간 내에 급속하게 확산된 점

초기에 한국에서의 미전도종족 선교운동은 서양과 비교해 단기간 내 급속하게 확산이 될 수 있었다. 위에서 언급한 GCOWE'95 대회 및 선교한국, AAP를 통해 주로 소개가 되었는데, 특별히 선교한국이 이 부분에 기여한 바가 크다. 선교한국은 지금까지 20년 동안 매 2년마다 열리는 선교한국대회와 또한 봄, 가을로 매년 각 지역교회에서 실시되는 관점훈련(퍼스펙티브즈)을 통해 남은 과업으로서 미전도종족과 전방개척 선교를 확산시켜왔다. 이로 인해 각 지역교회에는 선교한국을 경험한 세대들이 전도사, 혹은 목회자, 선교위원회 지도자로 활약하기 시작하면서 더 통합적으로 전략적인 시각을 구비하고 선교의 방향으로 미전도종족 선교를 수행할 수 있게 되었다.

1-2) 선교훈련 특성화 및 이에 따른 영향

미전도종족이 주요 포커스인 크림^{KRIM}의 캠프여호수아 훈련과 AAP의 선교정탐훈련^{METI}은 기존의 선교훈련과 차별화된다. 그 핵심내용은 선교지에서의 미전도 종족집단 발견, 이들을 위한 기독교적 접근 방법 모색, 해당집단 내 토착적이고 자생적인 교회개척운동 이다. 따라서 훈련은 이를 성취하기 위한 안목과 스킬, 지역교회를 위한 동원자료 구축에 중점을 두고 실시되었다. 지난 20년간 이 훈련은 각 신학교에서 정규 수업으로 채택되었을 뿐 아니라, 각 지역교회 선교훈련에도 장단기 과정으로 실시되었다. 리서치 결과 이 훈련은 참여하는 멤버들의 선교훈련에 그치지 않고, 지역교회 공동체 전체에 중보기도와 종족입양에 대한 관심을 제고시켜 다음 행동으로 연결될 수 있도록 선교의 운동적 측면이 강한 것이 장점으로 나타났다. 이로 인해 각 교회들은 선교사의 기도편지 외에 실제 현지 종족의 자료(보고서, 사진, 동영상, 의복)를 다양하게 구축할 수 있는 안목이 생겼다.

1-3) 한국교회 선교전략 업그레이드, 리서치 관점과 연구 틀 제공

미전도종족 선교의 또 하나의 기여는 바로 복음을 들어야하는 대상 즉 수용자에 대한 리서치의 중요성을 한국교회에 각인시켰다는 점이다. 예를 들면 종족에 대한 종족 프로파일, 도시를 구성하고 있는 다양한 사람들의 집단 발견하기, 도시와 종족에 대한 상황적 · 기독교적 · 문화적 · 영적 리서치, 도시와 원거주지 연계전략 안목 제공 등이다. 이와 같은 리서치 안목은 각 선교단체와 교단의 훈련에도 반영되면서 지역연구 혹은 선교지 리서치방법으로 제공되는 상승의 영향을 미치고 있다.

1-4) 미전도종족/개척선교 초점의 신생선교단체 창출

미전도종족선교운동이 한국에서 전개되는 가운데 이 방향에 주력하는 새로운 선교단체들이 탄생하게 되었다. 예를 들면 한

국 SIM 국제선교회(1997년), MVP(1999년 창립), GO선교회 (2002년 창립), 컴미션(2003년 창립), 한국 프론티어즈 국제선교회(2004년 창립), 인사이더스(2005년)등 이다. 이 단체들은 무슬림 전문 단체에서부터 지역적으로 인도차이나, 동남아 미전도종족과 중앙아, 페르시아 지역, 아프리카 지역의 미전도종족에 관심을 가지고 한국교회의 선교를 동원하고 있다. 이외 기존 선교단체 중 YM과 인터콥은 미전도종족과 전방개척을 지향하는 대표적 단체로 자리매김했다.

2) 그림자의 측면에서

2-1) 저조한 미전도종족 입양

GCOWE'95대회 때 한국교회 지도자들은 2,000개의 미전도종족을 2000년까지 입양할 것을 공동 결의하였다. 당시 여호수아프로젝트 2000의 우선 입양종족으로 1,685개 종족이 제시되었다. 이에 합동측 교단은 10년간 500개 종족, 통합측은 550개 종족 입양을 표명했으며, 다음해 1996년에는 미주의 디아스포라한인교회가 300종족 입양을 결의했다. 당시 AAP 운동본부(2000년 UPMA로 개편)는 우선 입양종족 200족을 선정하여 기도지를 발행했다. 이런 고무적인 분위기에도 불구하고 후의 입양 결과를 보면 목표치에 훨씬 못 미치고 있어 안타깝다. 지난 15년간 UPMA에 의해 공식적으로 입양된 종족은 총 180개 이다. 이외 UPMA에 종족입양을 알리지 않고 사역하는 지역교회와 그들이 파송한 선교사들의 미전도종족까지 포함하면 최소 200개에서 최대 300개 까지 한국교회가 입양한 것으로 추정해볼 수 있다.

저조한 입양현상의 가장 큰 원인은 제2시기 확산기(1996~2000년) 입양이 고무되던 분위기 그 이후가 문제로 드러났다. 당시 합동 측의 경우는 전체 선교를 실행하는 핵심 지도부의 교체로 미전도종족 선교는 여러 다양한 선교가운데 하나로 취급되었으며, 이와 같은 상황은 미전도를 표방하기 시작한 해외 선교단체들에게도 동일하게 나타났다.

2-2) 미전도종족선교를 표방하는 대다수 선교단체들의 허와 실

90년대 후반을 지나면서, 해외 선교단체마다 미전도종족을 표방하기 시작했다. 이러한 현상은 2000년 이후 더 보편화 된다. 이는 각 단체의 홈페이지나 홍보물을 보면 잘 알 수 있다. 혹자는 미전도종족 선교를 표방하지 않으면 시대에 뒤진 선교회로 보일 염려가 있다고 할 정도였는데, 문제는 미전도종족 선교가 포커스가 아니라는 것이다.

선교회의 경우, 미전도종족 선교에 대한 반응이 제각기 다르게 나타났다. 어느 단체는 긍정적으로 미전도종족 부서를 신설하기도 했으며, 다른 단체는 기존의 사역 위에 다시 하나의 사역이 추가되는 과부하를 느끼기도 했다. 더욱이 KWMA 한국선교사 현황조사에서 밝혀진 것처럼 한국선교사 대부분이 오

픈된 국가에서 교회개척이나 지도자훈련, 신학사역을 해오고 있는 상황이어서, 비록 선교회가 국내교회를 동원하기 위해 브랜드처럼 사용하기는 했지만 실제화 되지는 못했다. 이유는 미전도종족에 대한 단체의 이해와 자[1]단체 선교사들과 공감대 구성, 발전적 방향정립이라는 중장기적 시간을 요하는 사안이었기 때문이다.

2-3) 현장 선교사들의 몰인식으로 현장과의 괴리 현상 발생

사실 처음 한국교회가 복음에 빚진 자로 선교사를 파송할 때만 해도, 아니 90년대 중후반과 실제 2000년이 될 때까지도 현장에 나가있는 한국 선교사들 대부분은 미전도종족 선교가 낯설게 느껴졌다. 그들에게 미전도종족은 소규모의 부족선교나 GBT 등의 성경번역이 필요한 종족 정도의 개념 이해 수준이었다. 이들이 훈련받을 때 미전도종족 강의나 전략적 선교란 주제는 거의 부재했다. 따라서 2000년 이전에 나간 선교사들이 미전도종족에 대한 인식이 부족했던 것은 당연한 것이다.

2000년 이후에는 전방개척선교와 미전도종족에 대한 도전이 점점 더 강해지고 있으나, 아직까지 주로 국내교회와 선교계 동원에 주력하고 있는 상황이어서, 현장 선교사들을 위한 훈련과 동원이 매우 취약하다. 따라서 이후 현장 선교사들을 위한 방문 훈련과 이들을 통한 주변 미전도종족에 대한 입양전략 등에 있어 적극적인 협력이 요청된다.

2-4) 실제 사역현장에서의 모델 미약

15주년 인터뷰 조사를 통해 온누리교회, 사랑의교회를 포함한 몇몇 입양교회들은 입양 후 사역의 어려움에도 불구, 교회가 그 종족을 책임지고 선교하겠다는 약속을 지키기 위해 중보기도운동과 지속적 현장 방문을 중단하지 않았다. 여기에 현지의 재난이나 어려움이 기회가 되어 강성으로 여겨지던 종족지역에 현지인교회가 개척되고 사역이 진전되는 사례를 보았다. 또한 중소형 교회라도 신림교회처럼 담임목회자부터 입양에 동원되어 매진하고 해당 종족으로 선교사가 파송되어 선교한 경우 역시 국내와 현지에서 지속적인 사역들의 진전과 열매가 맺히고 있어 추후 모델 사례로 기대된다. 그러나 이외 대부분은 아직 한국교회에 사역 모델로 소개할 만한 사례가 적은 것으로 드러났다.

그 이유는 크게 세 가지로 집약된다. 첫째, 이미 현장에서 사역하고 있는 선교사들을 통해 입양한 경우 오히려 실패와 시행착오를 겪었다. 예를 들어 이미 후원하고 있는 선교사들을 통해 종족을 입양한 경우, 현장 선교사들이 아직 미전도종족 개념이해가 부족한 상황에서 미전도종족 사역을 부수 혹은 부가사역으로 여겨 잘 동원이 안 되기도 했다. 둘째, 미전도종족을 입양한 지역교회를 조사해보니 미전도종족입양을 입양식이나 입양예배 등 행사로 여기고 그 이후 선교사를 발굴, 양성, 파송하지 못한 경우 실패로 드러났다. 셋째, 미전도종족으로 파송된 선교사들의 경우 아직 언어를 배우거나 현지적응 단계, 혹은 이제 막 사역이 시작되어 지는 단계여서 아직 사례를 논하기에 시의적절하지 못한 부분이 있다.

4. 과제

지금까지 지난 20년 동안 한국에서 전개된 미전도종족선교운동을 그 역사와 평가 중심으로 살펴보았다. 이런 과거 평가를 통해 현재 드러난 미전도종족 선교의 최우선 과제는 다음과 같다.

1) 계속적인 미전도종족 선교운동 활성화

미전도종족 선교는 계속적인 운동성을 제고시키는데 집중할 필요가 있다. 과거 평가에서 보면 운동이 가지는 다이나믹한 역동력이야말로 미전도종족 선교를 불붙이는 시발점이자 확산으로 작용했음을 재인식하여, 본질로 되돌아가 운동의 정신과 자세로 연합할 필요가 있다.

2) 현장 사역 및 사역도구 개발에 주력

이제는 현장 중심으로 사역 및 사역에 필요한 사역도구들이 개발되어야 한다. 예전에는 주로 한국교회에 미전도종족을 알리는 종족프로파일 수준의 정보와 자료, 세계 미전도종족 지도 등의 자료 구축 수준이었다면 향후는 현장에서 실제화 되어 돌파를 이루기 위해 사역 및 도구 개발에 주력해야 한다.

3) 입양과 입양후 컨설팅 강화

지역교회의 경우 입양후 사역관리의 부재현상을 해소하기 위해 입양교회 현실에 맞는 컨설팅이 필요하다. 지역교회간 네트워크와 협력을 통해 서로 사례를 공유하도록 교량 역할들도 강화되어야 한다.

4) 선교적 돌파[Breakthrough]에 대한 성찰과 공유

한국교회, 선교단체, 현장, 교단 등은 미전도종족 선교를 위해 본래적 의미의 선교적인 돌파를 진지하게 고민할 필요가 있다. 예를 들면 한국교회의 물량주의 선교, 타문화 부적응과 현지종족어 미습득, 분리와 갈등, 누구를 위한 교회개척과 프로젝트인지 본말이 전도된 경우 등을 들 수 있다. 이런 점에서 계속적으로 우리가 돌파해야 할 장애와 제한을 심사숙고하여 성찰 점검해야 할 것이다.

5) 자료구축과 연구개발의 업그레이드 필요

한국선교가 세계선교 가운데 감당할 우선 지역과 사역대상을 중심으로 미전도종족 사역을 활성화시키는 다양한 자료를 구축하고 연구개발을 가속화해야 한다. 이제는 본격적으로 현장사역과 접목된 후의 상황을 중심으로 하여 선교 실제에 부합하는 연구들이 지역연구 수준보다 업그레이드되어야 한다. 이를 위해서는 미전도종족 관련 지역교회, 사역단체, 연구소, 현장 간에 더욱 긴밀한 공조와 협력, 네트워크가 요구된다.

5. 전망 및 제언

미래 세계선교는 세계교회를 구성하는 한국교회로 서양교회, 2/3세계 교회들과 더욱 협력하고 동반자적인 자세로 섬기는 것이 강조되는 분위기이다. 이에 미전도종족 선교도 이를 반영하여 한국교회의 몫 혹은 비교 우위나 우선순위를 점검하여 최우선 목표를 공동으로 설정하는 작업이 필요하다. 이후 논의의 진전과 미전도종족 선교 활성화를 위해 우선시되는 몇 가지를 제안하는 것으로 미래 전망을 대신한다.

1) 한국형 미전도종족운동의 모델로 CAS운동 채택

CAS는 2003년 UPMA 10주년 기념대회시 제기된 것으로 지역분담Comity—종족입양Adoption—사역 특성화Specialization를 의미한다. 이는 UPMA가 93년부터 종족입양운동본부로 출발하여 미전도종족운동을 섬겨오면서 입양에 대한 오해, 한국 선교사의 전략적 선교 등을 고민하면서 사역대상과 지역, 사역내용을 통합적으로 제시한 시스템운동으로 종족입양 보다 발전된 개념이다.

이 운동은 현장 선교사들에게 실제적으로 적용 가능할 뿐 아니라, 국내교회를 동원할 때도 전방개척지역과 그 지역의 종족, 그리고 필요로 되는 사역 등을 총체적으로 볼 수 있도록 안목을 제공하는 역할을 할 수 있다.

2) 12개 전방개척지역권과 CAS 의 연계

패트릭존스톤은 선교 협력과 전략적인 통찰력 제공을 위해 세계의 모든 종족권을 15개로 나누었다. 순서대로 나열하면 다음과 같다. 동아시아권, 남아시아권(인도 아리안문화권), 유라시아권, 라틴-코카서스 아메리카권, 사하라 종속 아프리카권, 말레이권, 아랍권, 동남아시아권, 북아메리카권, 투르크권, 인도-이란권, 아프리카 초승달권, 티베트 및 히말라야권, 유대권, 태평양섬주민권.

이 가운데 라틴-코카서스 아메리카권, 북아메리카권, 태평양섬주민권등 세 개 권역은 한국의 전방개척방향에 부합하지 않을 수 있으므로 제외하고 나머지 몇 개 권역의 명칭을 수정하여 한국선교사 현황 조사에 근거, 12개 전방개척권 본인이 섬기고 있는 선교연합체인 UPMA에서는 지난 2008년 12월에 '전방개척미전도종족선교지도'를 제작하여 한국교회의 선교사들이 이후 더 나아가야 하는 권역을 전방개척12개 권역

FA12:Frontier Areas12 으로 구분했으며, 이 권역의 미전도종족 숫자와
주요 미전도종족들의 사진도 함께 지도에 첨부 제작하였다. 더
자세한 내용은 홈페이지 www.upma21.com 참조하기 바라며
재정리하면 아래와 같다.

(1) 중국내지권

(2) 중국변방권

(3) 서남아무슬림권(방글라데시, 파키스탄, 인도 무슬림)

(4) 힌두권(인도 힌두, 네팔, 부탄)

(5) 동남아무슬림권(말레이지아, 부르나이, 인도네시아 무슬림)

(6) 인도차이나권(소승불교권)

(7) 중앙아전방권

(8) 카스피해권

(9) 페르시아권

(10) 아라비아권

(11) 초승달권

(12) 북아프리카권(사하라 이북)

향후 이 12개 권역권과 국가, 지역, 종족, 사역을 연계하여 다
양한 사역이나 네트워크를 구성한다면 한국선교의 전략화에
공동 기여할 것으로 보인다.

3) 한국 속의 미전도종족 선교 실천 강화 및 미전도 선교현장과 연결

국내에 들어와 있는 외국인 이주자수가 이미 100만 명을 넘어선 상황에서, 전문가들은 향후 다문화현상이 더욱 가속화 될 것으로 예측하고 있다. 15주년 인터뷰 결과 공통적으로 지적된 부분 중 하나도 바로 이런 한국 속의 세계선교를 주목해야 한다는 강조였다. 따라서 미래 미전도종족 선교운동은 이 점을 반영하여 미전도종족 선교를 접촉이 불가능하거나 어려운 것이 아닌 국내에서부터 해당종족을 목표 중심적으로 사역할 수 있도록 미전도종족 선교의 열린 창으로 활용할 것을 제안한다.

4) 다양한 연합과 네트워크의 장 형성

미전도종족 선교운동은 어느 한 단체가 주도할 수 있는 성질의 것이 아니다. 이는 이 발제의 글을 통해 지난 역사와 평가 속에서 잘 드러났다고 생각한다. 미래 미전도종족 선교운동을 지속적으로 발전시키기 위해서는 지역교회, 선교단체, 현장 선교사 등 선교의 주체들 간에 다양한 연합과 협력이 필수적이다. 나아가 대상 종족이나 혹은 대상 지역, 공동 사역을 위한 연합도 발전시켜 가야할 주요 부분이다. 2000년 이후 한국에 다양한 포럼을 통해 한국선교의 과제 해결과 통찰력이 제고되고 있는데 이는 한국선교의 질적인 부분을 제고하는데 기여하고 있다. 미래 한국의 미전도종족 선교는 여기서 더 나아가 선교를 섬기고 실천하는 다자가 만날 수 있는 장을 다양하게 적극적으로 형성해주고 이를 다시 자료화하여 반영하는 것이 필요하다. 예를 들면 입양교회네트워크, 미전도종족선교연구네트워크, 전방개척선교네트워크, 비즈니스선교네트워크, 지역개발선교네트워크 등이다.

6. 나가는 말

'당구공 이미지Billiard-Ball Image'에서 '거미줄 이미지로Cobweb Image'로 국제정치와 국제지역학에서는 냉전체제하의 패러다임인 국가중심 패러다임을 '당구공 이미지Billiard-Ball Image'로 명명했으며, 반대로 유기적 협력이 필요한 현 시대의 패러다임을 다자중심적multi-centric 패러다임이라 하여 '거미줄 이미지Cobweb Image'라 부르고 있다. 이글에서는 한국에서의 미전도종족 선교운동 15년 평가 이후 과제를 해결하기 위해 핵심적인 두 용어를 차용하여 사용하였다. 전자는 선교계에서도 국가 중심의 갈등과 경쟁, 혹은 분리를 조장하는 것으로 후자는 복잡한 협력과 네트워크가 반드시 전제되어야만 복음화를 앞당길 수 있는 것으로 사용했다.

오늘 우리가 복음을 전해야 할 세계는 계속적인 변화의 과정 가운데 있다. 특별히 지난 20세기 전반 까지는 냉전체제 속에서 각 주권국가들이 분립, 병존하는 국가중심적인state-centric '당구공 이미지Billiard-Ball Image' 현상이 농후했다. 따라서 이 시대는 서로간의 이익추구를 위해 갈등과 경쟁이 필수 불가결했었다. 그러나 90년대와 2천년대 들어 세계는 적극적으로 협력하는 다자 중심적multi-centric 또는 세계중심적인global-centric 현상으로 전이轉移되었다. 주요한 이유는 세계 평화와 안정을 추구하는 협력적 공동안보 및 인간생존human survival에 대한 중요성이 더 이상 어느 한나라의 문제가 아닌 전 지구적 문제로 대두되었기 때문이다. 이러한 상황변화는 지역과 지역 간, 국가와 국가 간의 상호작용 및 협력을 필요로 하게 되어 국제관계 행위를 보다 효율적으로 수행하기 위하여 복잡하게 협력하는 '거미줄의 이미지Cobweb Image'를 띠는 협력위주cooperation-oriented의 다자 중심적multi-centric 또는 세계 중심적global-centric 현상으로 나타나고 있는 것이다.

이에 부응하여 한국교회는 변화하는 세상에 대한 새로운 패러다임 이를 테면 종족 단위 패러다임, 다자중심multi-centric패러다임으로 영원한 복음을 좀 더 올바르게 전해야 할 것이다. 이런 취지에서 이 글은 지난 20년 동안의 미전도종족선교운동의 한계로 선교수행 집단-이를 테면 한국교회, 교단, 현장 선교사, 섬기는 선교단체 등에서 보여진 갈등과 경쟁, 정확한 인식과 실천의 결여를 총체적으로 지적했다. 이제 향후 미전도종족 선교는 교회와 선교회, 선교지 현장이 보다 긴밀하게 협력할 뿐 아니라, 전 지구적인 다른 국가의 크리스천들과도 연합하여 '거미줄의 이미지$^{Cobweb Image}$'로 상호 격려하며, 섬겨주면서 세계복음화를 완성하는 방향으로 매진해야만 하는 새로운 큰 도전 앞에 서있다.

Modern Mission through People Window(I)

10

인도는 종족 모자이크 국가다.
종족 관점에서 본 인도 선교 전략 도출은
현대 선교에 도전하는 많은 분들에게 좋은 분석 기법과
시사점을 제공하기에 충분하다. 또한 한국인에게 적합한
한국형 선교 모델인 CAS 기법을 인도에 적용해 본다.

10
인도 선교현황조사를 통한
사역전략 도출

| UPMA 리서치팀[1]

1. 왜 인도인가?

프랑스 사상가 기 소르망[Guy Sorman]은 인도가 서구문명 형성에 미친 영향을 ,『인도의 천재성The Genius of India』이란 책에서 다음과 같이 네 개의 물결로 설명했다.

첫 번째 물결: 2300년 전 그리스와 이집트 등 서양문명의 요람기에 인도의 독실한 불교신자 아쇼카 왕이 불교 승려들을 파견해, 불법을 전파한 일로 인해 인도의 영혼불멸설과 환생 개념이 서양종교와 사상에 영향을 끼쳤다.

두 번째 물결: 유럽 계몽주의 시대 서양 철학과 사상에 큰 영향을 미쳤다. 특히 프랑스 철학자 볼테르는 "세계는 인도가 필

---

1) 미전도 종족선교연대(UPMA)의 정기리서치 여행의 일환으로 인도의 5개 주요도시를 리서치 후 정리한 보고서다.

요하지만, 인도는 아무도 필요로 하지 않는다"고 인도의 예지와 철학을 높이 평가했다. 쇼펜하우어와 니체도 인도 사상에 영향을 받은 철학자들이다.

세 번째 물결: 20세기 초 간디^{M. K Gandhi}, 라마크리슈나^{Rama kr-ishna}, 비베카난다^{Vivekananda} 등 위대한 사상가들이 가르친 비폭력 정신과 심오한 정신세계가 물질문명의 한계에 봉착한 서구문명에 출로를 제공했다. 이와 같은 인도의 정신문화는 1960년대 환경운동과 여권 신장운동은 물론 월남전 당시 반전^{反戰}운동에도 영향을 끼쳤다.

네 번째 물결: 21세기 당대는 인도의 오랜 전통과 다양성을 바탕으로 한 우수한 문화적 자산과 IT산업에서의 강점 등 과학 발전을 선도하는 물질적 능력이 어우러진 인도의 천재성이 발휘되는 시대다.

1) 인도의 중요성
1-1) 급속한 경제발전과 사회변화로 인한 선교적 호기

인도는 2006년 인구 10억 9,535만 명으로 세계 인구의 약 17%로, 중국에 이어 세계 2위의 인구대국이다. 이중 연령별 인구 비율은 15~64세 인구가 전체의 63%를 차지하고 있어 생산 가능한 인구, 특히 글로벌한 경제체제에서 풍부한 노동인구의 비교우위가 있다. 또 최근 세계 경제의 주목을 집중시키고 있는 것은 BRIC s 이다. BRIC s 는 Brasil, Russia, India, China 등 급부상하는 신흥 경제 국가를 일컫는다.

실제 인도의 구매력 평가 기준^{PPP}은 2003년 3조 1,000억 달러로 미국(11조 달러), 중국(6조 4,000억 달러), 일본(3조 6,000억 달러)에 이어 세계 4위를 기록했다. 이는 인도 내수시장의 발전의 중요한 지표다. 또한 인도 내에는 현재 3억에 달하는 중산층이 존재하고 있어 이들이 사회를 더욱 빠르게 변화시킬 것으로 보인다(삼성경제연구소·코트라, 『인도경제를 해부한다』, 2006).

이처럼 인도는 '달리기 시작한 거대한 코끼리'로 세계의 이목을 집중시키고 있을 뿐 아니라, 한국에서도 중요시 되고 있다. 2004년 10월 노무현 대통령의 인도 방문과 이후 2006년 2월 A. P. J. Abdul Kalam 인도 대통령이 인도 대통령으로는 처음으로 한국을 방문하여 양국 간의 관계는 획기적인 변화를 맞고 있다. 양국 대통령 방문 이후, 인도와 한국의 포괄적 경제 동반자 협정^{CEPA}이 강화되어 무역, 투자, 에너지, 과학기술, 교육, 문화 등 경제교류와 인적 교류가 증대되고 있는 추세다. 이상과 같은 인도의 급격한 경제발전과 사회변동은 그동안 기독교 복음화율 2.7% 인 인도선교에 많은 평신도 비즈니스 선교사와 준비된 선교자원을 보낼 수 있는 상황적 호기로 작용한다.

1-2) 인도선교에 대한 상대적 소홀과 향후 한국선교의 전략적 대상지

> "세계의 경제 지도를 혁명적으로 바꿔가고 있는 친디아Chindia, 중국과 인도를 묶는 이 통합적 개념을 해체적으로 맞대보는 건 글로벌 경제 이해에 유용한 하나의 방법론이 될 수 있을 것이다. 중국 황하와 인도 인더스 강. 세계 4대 문명 발생지 중 두 곳인 이곳을 중심으로 최근 수년간 나타난 변화는 말 그대로 '양 문명의 부활'이다. 지난 11일 뉴델리에서는 중국과 인도 양대 문명권을 아우르는 세계사적 사건이 일어났다. 차이나+인디아. 세계 최대 경제권의 꿈을 향한 이른바 '친디아'의 공식 출범이다." (『서울경제』, 2004. 5. 19)

그동안 인도는 한국경제계뿐 아니라 한국선교에 있어 그 중요성이 소홀시 된 측면이 없지 않다. 2006년 6월 미래 한국선교 25년 전략 수립을 위하여 진행된 NCOWE Ⅳ(4차 세계선교전략회의)대회에서 단적인 예가 나타난다. 이 대회에는 지역 및 종교권별, 사역특성별로 26개의 분야별전략회의가 설치되었는데, 안타깝게도 인도힌두권선교위원회는 구성되지 못했다. 그 이유는 인도 및 힌두권 전문 선교단체가 국내에 없었다는 것과 중국, 북한, 중동 등 다른 선교 권역에 비해 동원이 안되었기 때문이다.

2006년 인도는 한국의 10대 선교대상 국가 순위에서 제 9위에 해당한다(한국선교연구원, 2005년 한국선교의 동향과 과제). 한국선교사가 가장 많이 파송된 제5위까지의 국가는 중국

(1,482명), 그 다음이 미국(994명), 일본(691명), 필리핀(666명)
러시아(407명)로 조사 발표되었다. 심지어 인도(300명)는 태
국(327명), 인도네시아(322명)보다도 더 선교사 파송 숫자가
적게 나와 있다. 따라서 한국선교의 과제로 대두된 선교사의
전략적 배치와 전방개척선교, 미전도종족을 통해 남은 과업을
완수하기 위해서는 아시아와 서구의 중간에 전략적으로 위치
한 인도를 한국선교계에서 재인식, 재평가하여 전략적으로 동
원할 필요가 있다.

1-3) 인도교회는 한국과 협력하여 국제적 리더십을 발휘할 파트너다

'아시아인의 선교는 아시아인에 의해서' 라는 말처럼 서구교
회 외에 한국교회가 세계선교의 동반자로서 함께 협력하고 네
트워크를 구축해야 하는 아시아의 주요한 두 교회는 중국과 인
도일 것이다. 우리 시대 'Back To 예루살렘운동'이 전개되면
서 중국 가정교회가 10만 선교사 파송 비전을 갖고 한국교회의
중요한 협력 파트너로 부상하였다. 이미 중국 내 신자 수가 1억
을 넘는데다, 고난과 박해를 통한 기독교 영성 보유, 열정적 전
도 등을 본다면 중국은 이제 더 이상 일방적인 한국교회의 선교
지이기보다 세계선교를 위한 전략적 동반자임이 틀림없다.

그러나 중국 내에 여전히 기독교 박해와 재정후원을 포함한
중국교회의 자립문제 등 해결해야 할 과제도 적지 않다. 특별

히 중화민족우월주의, 한족 위주의 다양한 민족과 종족 이해의 장벽, 타문화권 선교훈련 결여 등이 중앙아, 미얀마, 아프가니스탄 등지에서 최근 발견되는 중국교회의 선교적 장애요인이다. 이런 점에서 본다면 오히려 자유민주주의 체제에서 16개의 공식 언어를 사용하며, 역사적으로 이슬람 무굴제국을 위시하여 다양한 문화와 종족, 종교를 포용하고 살아온 인도가 세계 선교 동반자로서 더 적합하다. 특별히 남인도 지역은 중국가정교회처럼 영향력 있는 현지교회와 기독교 지도자들이 많다. 이들 중 서구에서 신학훈련을 받은 이들도 적지 않다. 남인도 교회는 선교열 또한 높아 북인도로 자체적으로 선교사를 파송하고 있다.

언어적으로도 인도는 힌디어 외에 영어가 공용어 이다. 현재 세계에서 영어를 가장 많이 사용하는 나라는 미국이나 영국 등 영어를 모국어로 쓰는 나라이다. 그러나 21세기에 와서 최대의 영어 사용국은 바로 인도가 될 것이 분명하다. 영어는 과거 인도의 지식층과 상류사회에 국한된 고급언어였으나 오늘날에 와서는 신분제도의 차이나 학력의 수준을 막론하고 모두가 배우고 쓰기를 원하는 인도사회의 보편 언어Lingua-Franca가 되었다. 한 조사보고서에 의하면 인도 인구 중 5, 000만 명은 미국이나 영국 사람과 다를 바 없는 거의 완벽한 영어를 구사하고 2억 명은 일상 생활에서 영어를 사용하는 데 별다른 지장이 없다고 한다(남상억, 『인도 21세기 새로운 강자로 떠오르고 있다』, 2000).

1-4) 인도 내 1억 7천 무슬림 선교를 통한 중동선교 가능성

현재 인도에는 세계 최대 무슬림국가인 인도네시아 인구와 동일한 1억 7천의 무슬림 인구가 있다. 인도의 무슬림 사역은 상대적으로 중동에 비해 박해가 없으며, 인도가 다종교를 표방하는 국가이므로, 직접적으로 무슬림을 선교하는 기독교 선교사들에 대한 테러 발생 위험이 적다. 또한 911테러 발생 이후 중동과 아프리카의 무슬림들이 미국과 부시에 대한 실망으로 미국 대신 인도로 유학과 직업을 찾아 많이 유입되고 있다. 이유는 인도에 이미 무굴제국 이전 시기부터 무슬림들이 살아온 관계로 무슬림 문화가 자연스러울 뿐 아니라, 인도가 지닌 경제적 잠재력과 인도 대학의 우수성 때문이다.

특별히 몇몇 대학의 교육은 세계적인 수준이다. 예컨대 인도공과대학IT: Indian Institute of Technology은 세계 유수의 엔지니어링 대학으로 인정받고 있으며, 졸업생들은 국내외에서 성가를 드높이며 활동하고 있다. 인도의 대학생 수는 2000년에 이미 700만 명이 넘었고, 이들은 대부분 영어를 사용하여 대화에 장애가 없다. 대학은 매년 200만 명에 가까운 졸업생을 배출하는데, 이중 약 20만 명이 엔지니어링 전공자이다. 따라서 세계 유수의 다국적 기업들은 IT에서 자동차, 전자, BT에 이르기까지 인도에 경쟁적으로 R&D센터를 설치하고, 인도 R&D센터를 보조적 역할이 아닌 글로벌 R&D 활동의 중추로 인식하고 있다. 한편 이런 기회는 주변 페르시아, 중동 및 아프리카 무슬림들을 유입시키는 기회의 요인이 되고 있다. 따라서 인도무슬림 복음화를 통해 중동선교의 가능성이 실제화 되고 있다.

2. 어떻게 인도를 선교할 것인가?
: CAS RG(카스 알지)[2] 전략

1) 지역 Target : 북인도 지역

인도 전체의 복음화 율은 개신교의 경우 1.74%, 가톨릭까지 포함하면 2.7% 이다(2005년 통계). 특히 기독교의 영향력이 활발한 케랄라, 타밀나두 주를 포함하고 있는 남인도의 경우 복음화 율이 7% 이상이다. 한편 북인도는 7억 2천만 인구에 0.7%의 복음화 율을 보이고 있는데, 이는 인구 500만 명중에 교회 1개의 비율이다. 일반적으로 인도 교회의 70%가 남부에, 25%가 북동부에, 5%가 북인도에 있다. 따라서 인도 전체의 복음화를 위해 전략적으로 북인도를 타깃으로 해야 한다.

현재 북인도에는 BC 1500년에서 1000년 사이에 중앙아시

---

2) 카스는 지난 2003년 '미전도종족선교 10주년 기념선교대회'를 통해 소개된 개념으로 선교지역 분할(Comity), 미전도종족입양(Adoption), 선교사역 특화(Specialization) 전략을 일컫는다. RG는 Religious Group(종교 집단)을 의미한다. 즉, CAS RG는 분명한 지역/종족/종교집단 타깃을 정하여 특성화된 기능을 발휘하는 전략이다.

아에서 이주해온 아리아인이 원주민 드라비다족을 남쪽으로 밀어내고 북인도 전지역에 72%가 거주하고 있다. 역사적으로 북인도지역은 힌두왕국, 마우리아 왕국과 아쇼카왕을 통한 불교왕국, 굽타 왕국 등 여러 군소 왕국들이 분할하여 통치해 오다가, 10세기 이후 계속적인 무슬림 세력의 침입을 당하게 된다. 12세기에는 무슬림세력이 델리와 바라나시를 장악했으며 16세기에 이르면 인도의 위대한 제왕인 아쇼카왕에 비견되는 6명의 모그훌 황제가 통치한 무굴제국 이슬람 전성기를 맞는다. 이런 역사적 이유로 인도 카르나타카 북쪽을 경계로 한 북쪽지역에는 힌두세력과 무슬림 세력들이 문화적 독자성을 지니고 함께 발전하게 되었다(이지수, 『인도에 대하여』, 2003).

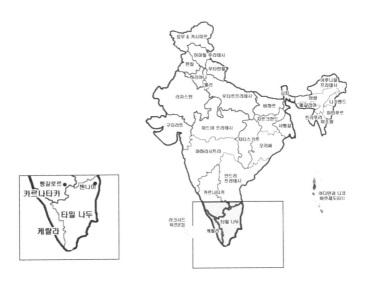

일반적으로 북인도와 남인도에 대한 구분은 다음과 같다. 특별히 한국교회로 하여금 인도선교를 우선 동원하기 위하여 북인도와 남인도에 대한 지역구분을 광범위하게 구분한 것을 사용하였다(IMA, 『100 Cities of India』, 2004).

• 북인도 지역: 잠무 &카시미르, 히마찰 프라데시, 펀잡, 우트란찰, 하르야나, 라쟈스탄, 우타르프라데시, 구쟈라트, 마드야 프라데시, 챠티스가르, 비하르, 자하르칸트, 오리사, 서벵갈, 시킴, 아쌈, 아룬찰 프라데시, 메그할라야, 나갈랜드, 마니푸르, 트리푸르, 미조람, 다만&디우, 고아, 안드라 프라데시, 안드라프라데시

• 남인도 지역: 카르나타카 벵갈로르 이하, 타밀나두, 케랄라

2) 관문도시 Target

〈6대 관문 도시들〉

2-1) 델리

북부 상권의 중심도시 델리는 정치 및 행정의 중심지로서, 최근 다국적 기업을 포함한 많은 기업의 본사가 들어서면서 활발한 발전을 보이며, 중소 제조 및 무역 등이 주요 산업으로 자리잡고 있다. 델리는 고대로부터 여러 왕조가 흥망을 거듭했던 역사의 도시로서, 20세기 영국의 지배 본거지가 되었던 지역이기도 하다.

야무나 강을 끼고 있는 델리는 현재 인도의 수도인 동시에 인도에서 3번째로 큰 도시다. 올드델리와 뉴델리의 두 지역으로 나뉘는데 올드델리의 구시가지는 서울의 강북, 뉴델리는 강남으로 비유할 수 있다. 올드델리는 13세기 델리 술탄 왕국 이후 이슬람 왕조의 중심지였던 곳으로 당시의 성곽, 모스크, 기념비들이 오늘날까지 남아 있다. 뉴델리는 식민지 시절 1911년에 영국이 콜카타(캘커타)에서 수도를 옮기며 발전시킨 곳이다. 방사선 모양의 계획도시이며, 화려한 상점, 은행, 호텔과 인도의 대통령궁, 붉은 성Red Fort등이 인접해 있어 현대 인도의 화려함을 엿볼 수 있다. 델리는 또한 교육의 중심지이기도 하다. 올드델리에는 인도 최고의 국립대학인 델리대학University of Delhi, 뉴델리에는 자와하를랄네루대학JNU: Jawaharlal Nehru University이 위치해 있다. 기독교인은 0.96%에 불과하다.

2-2) 뭄바이

인도의 뉴욕이라 불리는 경제 수도 뭄바이는 마하라수트라주의 주도로서, 인도 최대의 상업도시이자 최대의 국제무역항이다. 1875년에 설립된 아시아 최고最古의 뭄바이 증권거래소가 있어서 인도 전체 금융거래의 3분의 2를 소화하는 금융의 중심 지역이며, 의약품, 자동차, 화학 산업이 발달해 있다. 인도에서 가장 현대적인 도시이기도 한 뭄바이는 1885년 독립운동의 중심으로서 인도 국민회의가 열렸던 역사적인 장소로, 민족자본의 근간이 되었던 곳이다. 1995년 7월 28일 봄베이에서 현재의 뭄바이로 명칭이 변경되었다. 지정학적으로 서부 해안에 위치한 항만도시인 뭄바이는 인도 최대의 상공업이 발달했으며, 뭄바이의 발전이 내륙 지역까지 이어지고 있다. 현재는 뭄바이와 푸네를 중심으로 철강 및 자동차 산업 등의 중공업체뿐만 아니라, 인도 최대의 기업인 타타TATA그룹을 비롯해 인도 100대 기업 중 25개 기업의 본사가 위치해 있다. 또한 뭄바이 국제공항은 40%의 국제 승객과 32%의 항공 운수 물류량을 담당하고, 뉴뭄바이 항구는 인도 전체 컨테이너의 57%를 처리하는 등 물류의 중심이기도 하다.

한편 연간 약 1,000여 편의 영화를 제작하는 영화 산업의 중심지인 '볼리우드'가 자리 잡고 있어 인도 문화 산업의 중심지 역할도 하고 있다. 반면 도시의 60%가 슬럼으로 이루어져 세계 최대의 빈민 지역이라고 불리는 양면적인 모습을 지닌 도시이기도 하다.

2-3) 첸나이(마드라스)

남인도의 관문인 첸나이는 인도에서 4번째로 큰 도시이며 타밀나두 주의 주도이다. 인근 뱅갈로르와 하이데라바드 등의 도시와 함께 급속히 발전하고 있으며, IT·자동차·섬유 등을 중심으로 남인도 경제발전의 중추적 역할을 하고 있다. 이곳에는 현대 자동차 직원도 1만 명 이상 되는데 이는 산업도시와 물류 허브도시의 장점 때문이다. 첸나이는 여름에 고온다습하고 겨울엔 비교적 쾌적한 날씨를 유지한다.

첸나이는 곳곳에서 전통과 현대가 공존하는 도시로 유명하다. 1640년 영국의 동인도회사가 이곳에 성채를 구축하고 교역기지로 삼은 이후, 성채를 중심으로 시가지가 발달하고 남서쪽으로는 새로운 상업지구가 들어서 있다. 또한 뭄바이와 함께 인도 영화 산업의 중심지이며, 마드라스 대학을 비롯해 우수한 공과대학과 의과대학 등이 위치해 있어 남인도 교육의 중심지이기도 하다.

2-4) 콜카타(콜카타)

인도 동부 상권의 중심 도시이며 서벵갈 주의 수도인 콜카타는 뭄바이 다음으로 인구가 많은 도시이다. 인도 동북부 지역의 관문인 동시에 벵골 만으로 진출하기 위한 관문 역할도 하고 있다. 영국 식민지 시절 인도의 수도가 된 당시 콜카타는 런던에 버금가는 대도시로서 전성기를 누렸다.

그러나 1911년 수도를 델리로 옮기고 독립된 후로는 상권마저 뭄바이로 이전되어 더 이상의 발전이 없는 곳으로 전락했다. 게다가 방글라데시 난민과 가난한 비하르 주 출신의 농민이 도시로 몰려들면서 슬럼 지역이 광범위하게 형성되어 있다.

그래서 테레사 수녀가 운영했던 빈민구호단체 등 많은 NGO 단체들이 위치한 곳이기도 하다. 또한 콜카타는 예술의 도시로서 문화적이고 종교적이며 열정이 넘치는 곳이고, 시성이라 불리는 라빈드라나드 타고르Ravindranath Tagore의 고향이기도 하다. 델리가 인도의 우아한 수도이고 뭄바이가 중심 상업도시라고 한다면, 콜카타는 지성의 도시라고 할 수 있다.

2-5) 바라나시

바라나시는 힌두교도들이 성스럽게 여기는 7개 도시 가운데 하나로 갠지스 강의 왼쪽 둔덕에 자리 잡고 있다. 이 도시는 사실상 인도 힌두교의 발전에 가장 큰 영향을 미치고 있는 영적 중심지이다(바라나시 국제YM, 『Love VARANASI: Day of Prayer for Varanasi』; 『VARANASI: High Places』). 행정구역상으로는 인도 북부 우타르 프라데시 주에 속한다. 옛날부터 거주해온 세계 최고最古의 도시들 가운데 하나로 갠지스 강 중류에 아리아인들이 처음 정착한 것이 시작이 되었다.

바라나시는 종교적인 정화를 위해 갠지스 강 기슭에 목욕을 할 수 있는 수십 km의 가트ghat: 목욕계단로 유명하다. 가트를 중심으로 하여 강가에 수많은 성지, 사원, 궁전들이 층층이 솟아 있다. 바라나시 시내 거리는 좁고 정비가 되어 있지 않아 자동차로 다닐 수가 없지만, 새로 개발된 교외 지대는 넓고 좀 더 체계적인 시설을 갖추고 있다. 인도인 중에 신앙심이 깊은 힌두교인들은 누구나 일생에 한번 바라나시를 방문하여 그 길을 걸어보고 가능하다면 그곳에서 죽음을 맞이하기를 소망한다. 매년 100만 명이 넘는 순례자들이 방문한다. 바라나시에 있는 여러 사원들 중에 가장 신성하게 여겨지는 곳은 시바 신을 모신 비슈바나타 사원과 원숭이신 하누만을 모신 산카트모차나 사원 등이다. 현대적인 사원 가운데에는 바나라스힌두대학교 교정에 자리 잡은 툴라시마나스 비슈바나타 사원이 가장 중요한 곳으로 여겨진다. 바라나시 북쪽으로 수 km 떨어진 사르나트는 석가모니가 처음으로 설법을 시작한 곳으로 불교의 성지이다. 이곳에는 대각회大覺會 Maha Bodhi Society와 한국, 중국, 미얀마, 티베트의 불교도들이 세운 사원과 고대 불교 수도원의 유적이 있다.

　오랫동안 힌두 학문의 중심 도시였던 바라나시에는 수많은 학교가 있으며 전통학문을 계승해야 하는 책임을 지고 있는 브라만 학자들이 헤아릴 수 없이 많다. 바나라스힌두대학교와 같이 규모가 크고 중요한 3개의 대학교와 12개가 넘는 단과대학과 고등학교들이 있다.

2-6) 하이드라바드

하이드라바드는 안드라프라데시 주의 주도로 인도에서 5번째로 큰 도시이다. 벵갈로르에 이어 인도 제2의 실리콘밸리로 불리며, 세계적 수준의 IT 기반시설과 여러 기업들의 IT 커뮤니티가 구성되어 있다. 또한 산업단지 수도 전국에서 두 번째로 많은 272개로 대표적인 산업도시이다. 특히 의류수출단지, 바이오산업 위주의 게놈밸리, 해양 바이오테크 단지, 의약단지, 보석 단지 등 다양한 특성화 산업 단지가 운집해 있다.

하이드라바드에는 총인구 700만 명중 약 300만의 무슬림들이 집결해 살고 있는 인도 최대 무슬림 도시이기도 하다. 따라서 이 도시는 인도 무슬림 사역을 위한 최적의 관문도시이다. 도시에는 크고 작은 367개 대학이 있는데, 한국 선교사들 중에는 이들 무슬림 대학생들을 목표로 하여 캠퍼스 사역을 하고 있다.

〈한국선교사 중점 사역도시 7개〉

지역/통계	총인구	기독교인 비율	한국선교사 숫자
델리	12,791,458명	0.96%	40가정+
뭄바이	16,368,084명	4.17%	8가정+
콜카타	13,216,546명	0.48%	30가정+
첸나이	6,424,624명	6.75%	6가정+
푸네	3,755,525명	3.20%	31가정+
하이드라바드	5,533,640명	2.55%	11가정+
벵갈로르	4,292,223명	6.18%	50가정+

〈도표자료: 한국선교사 중점 사역도시(7개)〉

3) 종족 Target

지난 2005년 인도 기독교단체인 인도선교협의회(IMA: India Mission Association)에서 인도에서 우선적으로 사역해야할 전략적인 100대 메가 종족 집단을 선정했다. 다음 도표는 이 자료에 기준하여 인도 내 중요한 무슬림 종족 10개 그룹을 한국교회의 동원을 위해 소개한 것이다.

4) 종교집단Religious Group Target

'종교의 나라' 라 불리는 인도는 세계 4대 종교에 속하는 힌두교와 불교뿐 아니라 자이나교와 시크교의 발상지이기도 하며, 무굴제국과 영국의 식민시대를 거치면서 이슬람교와 기독교가 정착해 각종 종교가 공존하고 있다. 주요 종교의 비중을 보면 인구의 80.5%가 신봉하는 힌두교가 인도의 최대 종교로

〈인도 10개 무슬림 종족〉

종족/통계 자료	인구	국가	인도 내 거주지역
벵갈 무슬림 (Bengali Muslims)	179,000,000명	인도 방글라데시 부탄	서벵갈, 아쌈, 트리푸라, 마니푸르, 안다만&니코바, 메할라야, 나갈랜드, 시킴, 미조람
비하리 무슬림 (Bihari Muslims)	17,700,000명	인도 방글라데시	비하르
카쉬미르 무슬림 (Kashmiri Muslims)	11,700,000명	인도 파키스탄	잠무& 키쉬미르
메오족 (Meo)	1,030,000명	인도 파키스탄	라자스탄, 하르야나, 마드야 프라데시, 뉴델리, 우타르 프라데시, 펀잡
무굴족 (Moghal)	2,100,000명	인도 파키스탄 스리랑카 방글라데시 아프가니스탄	우타르 프라데시, 마하라쉬트라, 카르나타카, 안드라 프라데시, 뉴델리, 마드야 프라데시, 서벵갈, 라쟈스탄, 비하르, 잠무&카쉬미르, 구쟈라트, 오리사, 하르야나
안사리족 (Ansari)	12,900,000명	인도 파키스탄	우타르 프라데시, 비하르, 안드라 프라데시, 마하라쉬트라, 카르나타카, 서벵갈, 구자라트, 뉴델리, 마드야 프라데시, 라자스탄, 하르야나, 히마찰 프라데시, 오리사
라쟈스탄 무슬림 (Rajasthani Muslims)	4,900,000명	인도	비하르
사이드족 (Sayyid)	12,200,000명	인도 파키스탄 스리랑카	우타르 프라데시, 마하라쉬트라, 안드라 프라데시, 카르나타카, 마드야 프라데시, 타밀나두, 서벵갈, 라쟈스탄, 비하르, 구쟈라트, 뉴델리, 오리사, 잠무&카쉬미르
샤이크족 (Shaikh)	132,000,000명	인도 파키스탄 방글라데시 스리랑카	서벵갈, 우타르 프라데시, 마라하쉬트라, 비하르, 안드라 프라데시, 카르나타카, 마드야 프라데시, 타밀나두, 라자스탄, 뉴델리, 구쟈라트, 오리사, 고아, 하르야나
데칸 무슬림 (Deccan Muslims)	16,800,000명	인도	마하라스트라, 카르나타카, 케랄라 안드라 프라데시, 마드야 프라데시

인정받고 있으며, 다음으로 이슬람교 13.4%, 기독교 2.7%, 시크교 2.4%, 불교 0.7%, 기타 종교 0.3% 순이다. 따라서 인도를 선교하기 위해서는 지역, 종족 타겟 외에도 종교집단 타겟이 효과적이다. 이번 리서치를 통해 각 지역이나 관문도시에서 특정 종교집단을 사역하는 것이 보다 더 효과적일 수 있다는 것이 밝혀졌다.

4-1) 주류 힌두사역

본래 힌두교란 힌두(인도)와 이즘^{ism}의 합성어로서 인도에서 발생해 성장한 모든 인도 종교를 포괄하는 광범위한 개념이다. 즉 힌두스탄(인도)에서 태어난 모든 종교를 뜻한다. 그러나 또 한편 일반적으로 힌두교라고 할 때는 좁은 의미로 '베다^{Vedas}'의 권위와 '카스트 제도'를 부정하는 여타 종교를 제외한 종교를 의미한다.

현재 북인도지역에서 복음이 안 들어간 오리사주와 구자라트주, 라쟈스탄, 비하르주 등은 힌두교 근본주의자들이 많이 활동하는 곳으로 소위 힌두교 강성지역으로 불린다. 또한 우타르 프라데시의 바라나시는 이슬람의 메카에 해당하는 곳으로, 힌두 성지이자, 힌두교의 영적 구심점 역할을 하는 곳으로 주류 힌두권 사역을 위한 전략수립과 팀이 필요한 곳이다.

4-2) 북인도 무슬림 사역

현재 북인도에서 무슬림을 대상으로 사역하고 있는 한 선교
사는 북인도 무슬림권 사역의 어려움을 전략과 문화에 대한 이
해 부족이라고 토로했다. 일반적으로 선교를 '다른 문화권에
서의 전도'라고 정의하기도 하는데, 이는 선교대상 집단의 문
화에 대한 이해와 적응이 선교에 있어서 대단히 중요함을 의미
하는 것이다. 따라서 현재 1억 7천이 넘는 인도 무슬림 문화를
올바로 이해하고 그 전략을 수립하는 것이 필요하다. 또한 위
에서 잠시 언급한 것처럼 선교사와 기독교로 개종한 현지인에
대해 핍박과 테러의 위협이 다른 나라에 비해 상대적으로 매우
적기 때문에 인도 무슬림 사역의 강점이 된다.

　북인도에서 무슬림사역을 위한 관문도시로 델리, 데라둔, 바
라나시, 콜카타, 하이드라바드 등을 들 수 있는데 각각 모스크
와 무슬림 학교, 시장 등 무슬림 공동체가 있다. 흥미롭게도 바
라나시는 힌두교의 영적 시발점이면서도, 전체 인구의 20%가
무슬림이기에 무슬림 사역을 위한 전략적 지역이기도 하다.

4-3) 인도 티벳족 사역

　현재 인도에 거주하고 있는 티벳족들은 10만 명이 넘는다.
인도 티벳족은 1959년 인도로 망명한 달라이 라마를 따라 함
께 온 중국 티벳인들로부터 기원한다. 특별히 서북 인도의 히
마짤 프라데시에 있는 달람살라에는 티벳 망명정부와 달라이
라마의 거처가 있다. 현재 이곳은 인도불교를 부활시키는 중요

한 영적 중심 역할 뿐 아니라, 세계 각국에서 티벳 불교 철학에 관심이 있는 사람들을 불러 모으는 '인도의 라싸'가 되었다. 이곳은 티베탄 도서관, 티벳 미술 공예센터, 의료센터, 티벳 불교 사원, 티벳 어린이 마을, 토론 대학 등을 갖춘 티벳 문화의 중심지이다.

이외에도 뉴델리, 데라둔, 심라, 사타운, 캄라오, 라이뿌르, 소남링 등을 포함하여 대략 20~30여개 지역에 티벳 난민촌이 형성되어 인도 티벳족을 타겟한 사역이 가능하다. 언어는 라싸 티벳어를 사용한다.

4-4) 펀잡주 시크교도 사역

서북인도의 펀잡 지방을 중심으로 발전해온 시크교는 힌두교 개혁운동의 산물로 발생했다. 이들은 유일신 사상과 우상숭배, 카스트 제도를 반대하는데 이는 이슬람교의 영향을 받은 것이다. 결국 시크교는 힌두교와 이슬람교를 통합한 종교라 할 수 있다.

시크교도는 외관상 쉽게 판별할 수 있는데, 그것은 긴 머리와 수염, 그리고 머리에 감은 터번과 금속으로 만든 팔찌와 단검을 차고 있기 때문이다. 이들은 인도의 다른 종교에 비해 소수그룹이며, 현재 그 숫자는 약 600만 명으로 추정된다. 인도 시크교도들에게 특별한 의미를 지닌 것은 암리싸르의 골든 템플(황금 사원)이다. 이곳은 시크교의 예배나 실천에 관한 의사가 결정되는 곳이다.

4-5) Tribal: '아디바시^{Adivasi}' 애니미즘 사역

아디바시는 인도대륙에서 가장 오래 전부터 살아온 토착민들을 가리킨다. 이들은 가장 낮은 카스트 계급인 불가촉천민으로 불리는 '다리트'에도 속하지 않는 열외 인간으로 인도에서 '부족민^{Tribal}'이라 일컬어지는 아디바시이다. 현재 약 5,000만 명에 달하는데, 대부분 수십 명에서 수백 명 단위의 작은 부족 사회를 이루고 사냥, 채취 또는 원시적 농업에 종사하면서 자급자족하는 생활을 영위하고 있다.

국립 네루 대학의 조사에 의하면 1997년 현재 아디바시 가운데 빈곤층이 69%로 인도 전체 평균 49%에 비해 훨씬 열악한 것으로 보고되었다.(남상욱, 『인도, 21세기 새로운 강자로 떠오르고 있다, 2000). 이들은 인도 사회의 주류에서 오랫동안 떨어져 생활해 왔기 때문에 힌두교를 믿지 않고 자체의 전통적인 샤머니즘을 믿고 있다. 따라서 힌두사회와 같은 엄격한 카스트 제도도 없다. 삶의 터전인 자연에 순응하는 물활론적 애니미즘 종교관을 가지고 있어서, 땅, 물, 불, 나무, 바위, 조상의 영혼 등을 숭배한다.

4-6) 동북부의 인도 몽골족 애니미즘권 사역

현재 인도에는 3,000만 명이 넘는 몽골족 계통 주민이 살고 있다. 이들 몽골족은 주로 인도 북부에서 동부로 이어지는 반달형의 지역에 거주하고 있다. 특히 히말라야 산맥이 끝나는 동쪽 기슭의 아삼(2,500만), 마니푸르(200만), 나갈랜드(140만), 아루나찰프라데시(100만), 미조람(82만) 등에 거주하는 29개 부족은 거의 몽골족 계통이다. 인도 내 몽골족 숫자는 몽골리아 국민 250만 명과 중국 내몽고 몽고족 500만 보다 도 훨씬 많은 메가 종족집단이다.

이들은 주로 육식을 선호하여 채식 위주의 인도 음식 문화와 구별이 되며, 문화 풍습도 씨름, 활쏘기 등 몽골족 전통문화를 보유하고 있다. 그 외 인도 동북부의 부족들이 몽골족이라는 가장 확실한 증거로는 몽고반점을 들 수 있다. 학자들 중에는 동북부 중에서도 마니푸르 지방의 풍습이 오늘날 몽고의 풍습과 유사한 점이 가장 많다고 한다. 이번 인도 현장 리서치 결과, 실제로 북인도의 한국 선교사들이 델리와 실리구리 외에도 위에서 언급한 아삼, 나갈랜드, 마니푸르 등의 몽골족을 대상으로 사역하고 있음을 알 수 있었다. 유의할 점은 나갈랜드, 마니푸르, 미조람 등 대부분 동북부 지역의 기독교 복음화 율이 상대적으로 다른 지역에 비해 매우 높다는 사실이다. 특히 나갈랜드 같은 경우는 전체 인구의 85%~95%까지 복음화 되어 있다. 또한 대다수 인도인들은 동북부 몽골족에 대해 경멸 혹은 천시하기 때문에, 이들을 통한 인도 주류 복음화는 한계가 있다.

5) 사역 전문화/특성화 전략

케랄라, 타밀나두 등지의 남인도 현지교단 및 교회와 협력하는 선교사들의 경우, 대다수는 신학교 사역과 지도자 훈련사역을 중점으로 하고 있다. 이는 중국, 필리핀 등 다른 선교지와 유사한 점이다. 주목할 것은 현재 인도의 경제발전과 사회변화는 인도의 고급 인력 뿐 아니라, 중동 무슬림권의 인재들을 인도로 유입시키는 주요 요인이기 때문에 한국에서 캠퍼스 전문인 사역자와 비즈니스 선교사의 양성과 훈련, 파송이 인도선교 환경에 매우 부합한 사역 전문화 전략으로 대두되었다.

한편 인도 내에 여전히 강한 카스트 제도와 힌두교의 결속, 빈곤, 수많은 문맹층 문제를 해소하고 선교가 인도 국가 발전과 총체적 복음화에 기여하기 위해서는 문맹퇴치사역, 성경번역, 의료, 빈민, 사회구제 개발 역시 특성화 될 필요가 있다. 특별히 인도에서는 카스트가 단순히 계급, 계층 문제가 아니라 인도인들에게 집단의 일원으로서 공동체에 속하는 소속감을 부여하는 정체성과 안정감을 주는 사회 유지 기능도 담당하고 있으므로, 인도인들의 세계관에서 '직업' 은 대단히 중요한 것으로 작동한다. 그러므로 한국 선교사들 중에 다양한 전공과 직업을 지닌 사역자들이 배출되어야 인도토양에 더 적합할 수 있고, 또한 인도 현지인들도 '직업' 을 지녀야 '인간' 으로서의 대접을 받을 수 있어 이들을 직업을 가진 자비량 사역자들로 양성 배출하는 것이 보다 효과적인 사역전략이 된다.

3. 제언 및 결론

현재 한국선교는 지나간 과거 평가 위에 미래를 계획하는 시기를 맞고 있다. 이런 시대적 요청에 의해 한국 교회의 선교 지도자들은 '전방개척선교로 한국교회를 동원' 하는 주제에 대해 2006년 6월에 NCOWE Ⅳ 세계선교 전략대회를 통해 합의를 도출하였다. 이 대회 이후 선교계에서는 '전방개척적 사역지' 가 어디이고 무엇인지에 대한 국가별, 지역별, 종족별, 사역별로 포럼과 세미나, 보도 자료를 통해 한국선교의 전방개척 방향을 제시하고 있다.

이런 한국교회의 선교 환경가운데, 특별히 인도는 21세기 아시아 태평양 지역, 10/40창 지역의 미래를 움직이는 주요한 국가로 부상하고 있음을 주목할 필요가 있다. 서구에서는 21세기 세계를 움직이는 아시아의 두 거인으로 '인도' 와 '중국' 을 주목한다. 따라서 한국교회는 '인도와 중국' 을 올바르게 이해하고 이들 교회들과 협력하여 세계선교의 사명을 계속 수행해야 한다.

상대적으로 한국교회가 그동안 중국에 비해 인도선교에 대한 관심이 적은 편이었는데, 이는 인도를 알리고 동원하는 선교적 노력의 부족과 더 나가서는 인도를 제대로 이해하지 못했거나 과소평가했기 때문일 것이다. 인도는 현재 사회, 경제, 문화적으로 여러 변화를 맞이하여 닫혀 있던 힌두권 선교에 있어 그 어느 때 보다 선교적인 호기를 맞이하고 있다. 또한 인도는 중동선교의 관문이자, 비교적 열린 무슬림 선교사역 환경을 지니고 있다. 중요한 것은 이런 인도를 제대로 인식하고 적합한 사역전략을 수립하는 것이다. 본고에서는 인도를 선교하는 효과적인 사역전략으로 CAS RG 전략을 제시했다. 인도는 여러 다민족과 1, 500 개가 넘는 언어에 다양한 문화, 종교가 혼재하고 있기 때문에 CAS RG로 그 목표를 분명히 하고 선교해야 할 것이다. 곧 지역별 타깃 전략, 종족 별 타깃 전략, 종교집단별 타깃 전략, 사역 특성화/전문화 사역 전략을 교차로 하여 적정한 사역을 전개해야 한다.

참고문헌
• 남상욱. 『인도, 21세기 새로운 강자로 떠오르고 있다』. 서울: 일빛. 2000.
• 김형준. 『이야기 인도사』. 서울: 청아출판사. 2006.
• 문철우 · 김찬완 공저. 『인디아 쇼크』. 서울: 매일경제신문사. 2005.
• 정동현 외. 『중국과 인도』. 서울: 부산대학교출판부. 2006.
• 삼성경제연구소 · 코트라. 『인도 경제를 해부한다』. 서울: 삼성경제연구소. 2006.
• 이지수. 『인도에 대하여』. 서울: 통나무. 2003.
• 강승삼 편집. 『한국선교의 미래와 전방개척선교』. 서울: 한선협. 2006.
• 윤택림. 『문화와 역사 연구를 위한 질적 연구 방법론』. 서울: 아르케. 2004.
• 김광억 외. 『종족과 민족: 그 단일과 보편의 신화를 넘어서』. 서울: 아카넷. 2005.
• 후쿠오카 마사유키. 『21세기 세계의 종교분쟁』. 서울: 국일미디어. 2001.
• KWMA. 『2006 세계선교대회/NCOWE Ⅳ 주제발제자료집』. 2006.
• 바라나시 국제 YM. 『Love Varanasi : Days of Prayer for Varanasi』. 2000.

- 바라나시 국제 YM. 『Varanasi: High Places』. 2000.
- IMA. Transforming the Indian Cities: Profiles of Selected 100 Cities. Hyderabad: IMA. 2004.
- IMA. Reaching the Mega Peoples of India. Hyderabad: IMA. 2004.
- Martin Alphonse. The Gospel For The Hindus: A Study in Contextual Communication. Chennai: Mission Educational Books. 2003.
- Colin P. Warner. Urban Church Planting. Chennai:Mission Educational Books. 2004.
- Samual Jayakumar. Indian Models For Wholstic Mission. Chennai: Mission Educational Books. 2002.
- 싸이월드 클럽 "바라나시에 빛을 비추소서"

인도 지역분할Comity 및 종족 분담Adoption

1. 지역 분할 및 종족 분담

1) 지역 분할 및 종족 분담 과정

① 2003년 연구 결과를 기초 자료로 활용

② 지역 분할 : Operation World(2002)와 브리테니카 백과사전 CD GX 활용

③ 종족 분담 : 브리테니카 백과사전, Joshua Project 종족 자료, 한국교회 최우선입양종족(미전도종족선교연대 추천) 자료를 참조하여 각 지역에서 우선적으로 사역이 필요한 종족 리스트 작성

2) 지역 분할 : 6개 지역으로 구분

① 북부 이슬람, 시크교 지역: 잠무와 카시미르, 펀잡

② 북부 지역: 하리야나, 라쟈스탄, 구자라트

③ 북동 힌두/이슬람 지역: 우타르 프라데시, 비하르, 시킴

④ 중부 지역: 미다야 프라데시, 마하라 시트라, 오리싸

⑤ 동부 지역: 서뱅갈, 아쌈, 아루나찰 프라데시, 나가랜드, 마니푸르, 미조람, 트라 뚜라, 페갈리아

⑥ 남부 지역: 카르나타카, 케랄라, 타밀나두, 안드라 프라데시

⑦ 기타 : 아다만과 니코 바흐제도, 체나이(마두라시), 라크샤드 위프

3) 종족 분담

*첨부한 도표의 '주요 미전도 종족' 란 참조

2. 인도 전방 개척 지수

인도는 전체 선교지 개척 지수 구분에 따르면 복음주의자 비율이 2.40%이므로 F3 지역으로 구분된다.

1) 개척 지수 산출

① 인도 각 지역별 종교 분포에 따라 개척 지수를 G2에서 F3까지 구분해 보았다.

② 각 지역별 기독교 비율은 Operation World(2002)에 각 지역별 기독교 비율 자료를 활용하였다.

2) 전방 개척 지수 기준

① F3 – 기독교 비율 1% 미만인 지역

② F2 – 기독교 비율 1% 이상 ~ 2% 미만

③ F1 – 기독교 비율 2% 이상 ~ 15% 미만

④ G1 – 기독교 비율 15% 이상 ~ 50% 미만

⑤ G2 – 기독교 비율 50% 이상 ~

* 각 주별 개척 지수는 첨부한 지도와 도표 자료 활용

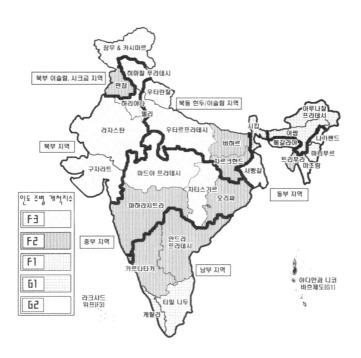

인도 지역 분할 및 종족 분담

권 역	국 가	지 역	도시 및 소속지역(행정구역)
인 도 권	인 도 India 선교사수 121,866 개척지수 F3	북부 이슬람, 시크교 지역	스리나가(Srinagar) / 잠무와 카쉬미르(F3), 펀잡(F2)
		북부 지역	뉴델리(New Delhi)(F3) / 하리야나, 히마찰 프라데쉬(F3), 우타란찰
			자이푸르(Jaipur)(F3) / 라자스탄(F3), 구자라트(F3)
		북동 힌두/이슬람 지역	럭나우(Lucknow)/ 우타르 프라데쉬()F3), 비하르(F2), 자르칸드
		중부 지역	뭄바이(Mumbai), 보팔(Bhopal) / 마디야 프라데쉬(F3), 챠티스가르, 마하라쉬트라(F2), 오리사(F2)
		동부 지역	콜카타(Kolkata) / 웨스트뱅갈(F3), 아쌈(F1), 아루나찰 프라데쉬(F1)
		남부 지역	방갈로(Bangalore), 첸나이(Chennai) / 카르나타카(F2), 안드라 프라데쉬(F2), 타밀나두(F1), 케랄라(G1)
		기 타	

주요 미전도종족	종교 현황
바그리, 파키르, 추라, 캐쉬미르, 카트리, 쿠마르, 로하르, 편잡, 모치, 모얄 브라만, 샤이드	이슬람교, 힌두교, 시크교
안사리, 브라즈, 데샤스타 브라만, 자인, 파르시	힌두교, 자이나교, 조로아스터교
구자르, 자트, 코자, 로하나, 메오, 미나, 핀자라, 신디, 와그디, 바그리, 발라히, 다우디 보라	이슬람교, 힌두교, 전통종교
아디, 아가리아, 아히르, 아와디, 비하리 보즈푸리, 다르지, 도바, 도사드, 파키르, 가다리아, 가르왈리, 고사인, 줄라하, 카츠치, 카하르, 카틱, 쿠마오니, 쿠마르, 쿠르미, 마가이, 마이틸, 무갈, 파탄(푸쉬툰), 산탈, 샤이드, 샤익, 소나르, 텔리	힌두교, 힌두애니미즘, 이슬람교
바이가, 발라히, 반드, 다르지, 데칸, 단가르, 곤드, 카츠치, 코자, 콜람, 콘칸, 마하르, 마라티, 마탕, 핀자라, 칼라르	힌두교, 이슬람교, 전통종교
방니, 네팔인, 바이라기, 벵갈, 카야스타, 렙차, 모치, 바이댜	힌두교, 전통종교
아가사, 안드라 브라만, 아야르 브라만, 베다르, 단가르, 라바이, 마필라, 오드(바다르), 사라스밧 브라만, 사우라쉬트라스, 타밀, 툴루, 골라	힌두교, 이슬람교
빌, 고르마티(람바디), 힌두스탄, 카야스타, 마니푸리, 바이댜	힌두교/기타 79.8%, 이슬람교 12.5%, 기독교 2.4%, 시크교 1.9%, 전통종족종교 1.4%, 불교 0.8%, 자이나교 0.4%, 무종교 0.6%, 바하이교 0.2%, 파시교 0.02% (*참고: 2002 세계기도정보)

Modern Mission through People Window(I)